破解
親密關係的密碼

婚姻危機！諮商師的情感修復診間

婚姻是一場賽局，婚內與婚外永遠在角力

- 痴心不等於愛情，源於當事者極度缺乏安全感與自信心
- 以為「受虐」可以換得想要的一切，卻讓自己身陷泥沼
- 婚後找不回當初的激情，彼此應該先學會轉變自身角色
- 期待透過婚姻改變命運，孰料心理反而走向另一個極端

王裕如 編著

目錄

目錄

婚內篇

婚離篇

婚外篇

目錄

序言

愛情之所以如此美麗誘人，因為那是創造生命的原創力。假若人類創造生命的過程是痛苦的，那麼也許生命便難以如此燦爛、生生不息。當然，這是一個生物學的概念。如果從社會學的角度來看，當人類具有意識、文化、理想和物質追求之後，兩性關係便成為人類最複雜、最激烈和最美麗的關係。當然，即便如此，兩性之間的愛和性也是有天壤之別的。

自古以來，在世界範圍內，人類對兩性關係的要求幾乎無一例外是嚴酷的，尤其是對女性的性貞節要求。因為性不僅關乎創造生命，更關乎財產、資源、子嗣和心理安慰等一系列人生重大事宜。人和其他動物一樣有著生命週期，而唯有人類能夠具有以愛情作為打開彼此身心之門的入場券，所以愛和性成為所有文化的母文化。人類只有透過各種方式來確保生命傳遞的專一性、物質財產的可靠性，才有可能使自己的生命及財產得以傳承，讓自己的基因得以延續。這就是封建傳統的政治和道德的最高理念：重血緣、重權力、重財產，具體表現為力求有更多的妻妾、更多的後代、更多的財產。

時至今日，斗轉星移。男人還是男人，女人還是女人，可是人們對於兩性關係的認知已是天上人間、物是人非。在開放的現代社會，兩性關係的交叉融合到達了一個從未有過的新境界。心和心的貼近、身體和身體的融合既超越了道德的束縛，也突破了法律的禁忌，那些人們耳濡目染、心知肚明的風花雪月、春景秋畫，已成了市井生活中並不鮮見的部分。

與對非正當男女關係處以酷刑的時代相比，今日對非正當男女關係的寬容是一種社會進步的表現，卻也是一種對靈魂的虐待。這背後是賢妻良母的苦難，是對孩子靈魂的玷汙。說到終了，那不過是多餘的錢財對醉生夢死的靈魂的褻瀆。

人類的婚戀史，永遠是婚內和婚外的賽局，只是在不同的時代，其內涵有所區別。在物質相對豐富的今日，「飽暖思淫慾」的現象有之，「以身心換利益」的現象有之，超越利益的兩情相悅有之，一半是愛情一半是利益的亦有之。這是一個開放的時代，也是一個物質豐富的時代，婚姻戀愛的狀態更是絢爛多彩，令人矚目。本書以個案的形式介紹婚戀中的種種糾葛，並對這些個案進行分析和解讀。

婚前篇

婚前篇

在戀愛、婚姻越來越開放、選擇越來越多元的今天，婚姻早已不是戀人之間可以發生身體關係的門檻。也許可以這樣理解，婚姻早已經失去了「性關係許可證」的意義。

在婚前序曲越來越長的日子裡，戀人之間如何更直接、更準確、更親密地互相了解，建立信任關係，以使未來的婚姻生活更和諧、更快樂、更自由，則是準新人們很在意、很關心，迫切想了解的。

本篇裡的案例包含這樣一些內容：有為了達到目標不遺餘力、不計後果、不擇手段的痴心女生，究竟為了什麼，她們自己也不明白，其實這只緣於她們內心裡翻江倒海的愛的能量；有些是被「物化」的女生，她們以身體和姿色為武器去獲得男性的資源；有些所謂優秀的女生，在愛情上劍走偏鋒，固執地按照自己的直覺，一廂情願去經歷「愛情」的酸甜苦辣。

總之，世代和世代之間，個人和個人之間，愛情沒有範本。對於每個人來說，愛情都是唯一的，愛情美滿、婚姻幸福則是普世的冀望。

緣分和陷阱

我們常常把感情中無法解釋的現象歸為緣分，緣分在很多時候成了機遇、巧合、命運和因果關係的總稱，它帶有濃厚的「宿命」色彩……

個案閱讀　一個男人和兩個女人的「緣分」

當同齡的男生還是不懂風情的傻小子時，十八歲的貞的眼睛已經冒出了魔鬼的慾火。說不上是誰誘惑了誰，比她大十五歲的端木老師似乎是在同樣的瞬間深刻地感知了她特殊的存在。那是一種強烈的吸引力，他們身不由己地相互趨近。十八歲的少女和三十三歲的男人，都處在一個心靈和身體慾望爆炸的階段，因其成長、能量和渴望。他們的身體一旦結合，他們的靈魂便著火了，企圖燒毀一切秩序和理性。貞急切地撲向老師的懷抱，老師像捧著甘露似的珍惜她。在這場愛戀中，現實中的一切彷彿都失去了意義，只有精神和肉體急切地融合……他們在外面租房，轟轟烈烈地同居了！

四年後，他們來尋求援助的時候，手拉著手進門。在整個諮商過程中，他們牽著的手都沒有分開過。貞堅持要老師兌現當年的承諾，等到她工作後把她娶回家，而老師是個有家的男人，兒子是國小二年級的學生，妻子是研究所的老師。貞火辣辣地望著老師說：「你可以不選擇我，但是我不知道自己會做出什麼事情來，到時候你可別後悔……」

貞是大四的學生，由於被成熟男人開發得早，像早春的月季，鮮豔而豐腴。她咄咄逼人的聲勢使我感覺她的靈魂已經融化在她的肉體中。老師是個看似粗獷而實質上很靦腆的男人，也許是心理負擔很重的緣故，他顯得心事重重。面對貞的逼問，他搓著手不安地說：「不是我不愛妳，而是我沒有信心。我現在已經感覺配不上妳，再往後，我一定會被妳甩掉的……我這樣子打算其實也是為妳著想……」

貞認為，這些情況她都理解，老師更是應該很清楚。但是，既然老師誘惑了她，而她已經把自己全交給了老師，老師就要對自己的行為負責。貞大有非得徹底實現自己目的的打算。雖然在很尖銳地「交戰」，然而他們牽著的手卻始終沒有分開過，貞身體的熱量帶著渴望源源不斷地傳輸給了老師。沉默良久，老師說：「我寧可毀滅自己，也要讓貞快樂！」

這是一場沒有前途的愛情。老師可以毀滅自己的生活甚至是自己的生命，然而這並不能帶給貞真正的快樂。他們兩個被肉體的快感迷糊了心智，全不顧除開肉體的享受外，人還有更重要的精神需求……在昆蟲界，某些雄蟲在交配後立即把自己的身體和生命作為禮物獻給雌蟲，牠的目的是讓配偶有更充足的營養可以養育後代，這符合生物演化的邏輯。可老師的毀滅是為了什麼呢？我問他們：「你們是否為『毀滅』做了足夠的準備？」

貞依然頤指氣使，略帶委屈狀；老師無語，攤開兩手，無奈之極。又一場毀滅和生存、理智和瘋狂、緣分和陷阱的搏鬥在我面前展開。

第二次諮商是老師單獨來的，他想和盤托出自己的處境、整理自己紛亂的情緒，並讓我為他做個評估。老師和他的妻子是中學同學，也算是相濡以沫、同甘共苦。當年的他家境十分艱苦，從小沒有父親的他是靠母親在醫院做照顧服務員把他養大的。母親為了他失去兩次可以嫁人的機會，他則把母親的愛當作奮鬥的動力，以優異的成績考上清華大學。妻子出身於知識分子家庭，被他略帶憂鬱的藝術氣質（他在畫古代仕女圖上造詣很深）強烈吸引，排除了一切障礙嫁給他，而這種反差帶來的後果是他對妻子的感激遠遠勝過對她的愛。遇見了貞以後，他真正找到了做男人的感覺。和貞在一起，在性的方面，他自由自在、愉悅而滿足，然而他的靈魂因此受盡磨難，每天都處在激烈衝突的痛苦中。自從他和貞在外租房同居，妻子就已經感覺到，但是她默默地忍受著。他知道她的行為語言強調的底線：維持這份婚姻。妻子以自己的行為告知老師她的要求，老師尚存的一息理性也只是那樣：把其他都給了貞，卻把名分留給了妻子。現在，是老師面臨著毀去自己最後那絲理性的時候，他是沉重、焦慮而又萬分痛苦的。他知道，即將毀滅的絕不只是婚姻，還包括妻子的生命、兒子的成長、自己和家人的生活意義等所有的一切。但是他沒有退路，與其讓貞破釜沉舟端出他的「行為道德問題」，讓他的妻子和孩子頂著個「變態」、「色狼」家屬的臭名聲，不如就讓他因「婚外戀」而被議論和受責備，那總比被起訴強多了……

現在，縱然他想回頭也已經千難萬難，難於上青天！他已經進入了緣分的陷阱！

心理分析　緣分是自我毀滅的藉口嗎？

子夜時分，做完廣播節目後，我收到了貞發來的消息：老師對妻子攤牌，提出離婚，他的妻子自殺了，現在正在醫院搶救！

我知道老師「走向毀滅」的程式正式啟動了。

緣分和陷阱

當老師十分艱難地說出要離婚的意思後，他妻子的感覺是彷彿等待已久的那隻鞋子終於落下來似的鬆了口氣。從此，她可以不必再忍受那種被拋棄、被羞辱而又無望的等待！從此，她可以死心了，沒有什麼再值得留戀。孩子總會自己長大，即便有母親陪伴，那種心如死灰、毫無生趣的媽媽又能給他什麼？僵持了好長的時間，老師去了書房。在這生死攸關的時刻，誰也無法入睡。老師慢慢撐不住了，他開始迷糊，而後又突然驚醒過來，衝過去看妻子，發現她已經安詳地閉著眼睛。

再過兩天，貞打電話給我，她的聲音氣若游絲，那種乾枯和虛弱是從心底裡散發出來的。她說這兩天裡她似乎經歷了生死關頭，曾經想過放了他，但是沒有他的日子實在太難熬了，她不知道什麼時候不用工具她的生命也會自行消亡。她沒有能力支撐沒有撫愛的生命，她已經處在一個兩難情境中，任何結果對她都是殘忍的。她不希望自己毀滅，也不願意別人毀滅，這種嚴重的心理衝突幾乎使她身心癱瘓。

當一個女人或者男人被另一個男人或者女人深深吸引而又不可理喻、難以接受時，我們便感慨緣分使然。緣分在很多時候成了非理性、「玄學」的代稱，縱然是刀山火海，因為是緣分，就在劫難逃，於是我們就把自己交給了緣分。難道緣分是自我放縱和自我毀滅的藉口嗎？

緣分究竟是什麼？它是精神的還是物質的，是生理的還是心理的，是隨機的還是命定的，是可控的還是不可知的？我們能夠認知和分析緣分的實質嗎？

心理解碼　緣分的旁邊是陷阱

假如我們以「存在」來解釋虛無的緣分，那麼緣分可感知、可觀察、可觸摸的表象就是「吸引」，那是一種絲絲入扣、脈脈相通、相契相合的融合。假如我們認同確有不可分割的緣分存在，我們就理解了「一見鍾情」的愛情，也理解了羅密歐和朱麗葉的殉情、《失樂園》中描述的「死愛」。但是，我們有更多的經驗可以證明，所謂的緣分是可以珍惜也可以迴避的，我們珍惜的是可以使我們快樂的緣分，而迴避和陷阱同時出現的緣分甚或大於緣分的陷阱。從生存或者發展的意義上說，存在是我們的第一本義，破壞我們生命和感覺的任何資訊都應該被我們摒棄。無論緣分是什麼，我們的現實主義態度使我們可以安全生存。

美國的心理科幻小說《聖境預言書》（*The Celestine Prophecy*）對緣分的假說是兩個能量場契合的人在一起會形成一個場的循環，能量的對流使他們神采奕奕、紅光滿面，

緣分和陷阱

但是兩人世界的循環也會形成封閉環而和外界隔絕，此時人們的能量場也因此而枯竭。這種假說認為緣分更多是一種磁場和能量的匹配，人們常常提及的「來電」之說，就很形象地反映了人對這種磁場的瞬間感覺。曾經有研究「愛情的生物密碼」的文章，雖然只談皮毛未及本質，但也說明已經有人在努力探索，有人認為愛情的美滿度有其生物學的原因。

即便愛情密碼確實存在，也不可能是決定愛情的唯一因素。人是一個高度社會化、精神化的動物，對愛情的心理感受也越來越精緻。在這樣的情況下，跟著所謂的緣分走，跟著莫名的感覺走，其實就是跟著身體走，很可能會使自己陷入困境。兩性關係至少受到三個因素的制約：生物因素、心理因素和社會因素。假如緣分是生物因素的話，也只是三分之一，而興趣、價值觀、道德感、審美和生活習慣等心理因素是脫離生理因素而獨立存在的，在長期的婚姻家庭生活中，心理因素也許是更重要的。至於門第、地位、經濟情況和職業等因素，我們稱之為社會因素，它是脫離於生物因素和心理因素獨立存在的，但是它又絕對會影響身體和心理，因為在人的婚姻生活中，雖然性是一個重要部分，但是生活的綜合品質顯然更重要。

不顧一切殉情的衝動並沒有文明和審美的價值。在愛情、婚姻、家庭和生育、繁殖功能分離以後，性成為表達感情和健身娛樂的一部分。在這樣的前提下，殉情者就是非理性者，殉情是自我毀滅的表現。貞和老師的行為就是被色慾所迷、情慾上癮，以致不顧一切後果地瘋狂行事。也許他們確有緣分，但是他們相識太晚，中間隔著太多經歷，經歷透過心理作用對抗緣分。縱然人有緣分，也是虛弱的。緣分的旁邊常常是陷阱，只見緣分不見困難會把我們誘進絕境。

我相信並非人不夠聰明才沒有發現緣分的祕密，人無法洞穿緣分是演化的結果。試想假如有一天緣分的祕密像血型一樣被發現，結婚前像驗血那樣去驗血型，契合就結婚，不然就分手，那人就會少了一個永恆的樂趣：對愛情的想像、猜測、擔憂等。無論有沒有緣分，愛情和性都是人所必需的，愛得安全、合理、快樂和健康是我們的目標。我們探討緣分是為了避免跟著緣分走，而是要跟著自己的快樂走，因為緣分和快樂往往無法兼得。

「職業」情人

有些女生沒有可結婚的對象，但是又不肯閒著，於是去找那些不惹人討厭又有點實力的男性作伴……

個案閱讀　失控的關係

南楠是一個二十四歲的女生，很漂亮也很有魅力。兩年前在家待業時，她被朋友拉去喝下午茶，席間和朋友約來的一位看起來近五十歲的李先生交換了聯絡方式，離開後那男人就不斷地聯絡她。其實南楠當場就有感覺，他看自己的眼光像X光，恨不能透進去。南楠也在打量他，揣測他是什麼級別的人物。朋友說別看他長得土，生意卻做得很大，他的公司每年利潤至少有幾千萬。南楠是個粗枝大葉的女孩，什麼都不是很放在心上，有這樣的男人，就交往吧！李先生把南楠調到自己的公司做祕書主管，並希望南楠也做他的「生活祕書」，下班後就跟著他去郊區的別墅。前三個月，南楠的感覺不錯，尤其是員工對她另眼相看的曖昧神情更使她因自己特殊的地位而沾沾自喜。然而，再過下去，南楠的心態就發生了變化。

雖然他們沒有明說，但是這種情人關係是不言自明的。南楠像有些女孩一樣，不過是「逢場作戲」，根本就沒有想過以後怎樣，她甚至不想知道他是否已經結婚生子。李先生出手闊綽，為南楠買了一套公寓房，還給了她一輛跑車。南楠覺得受之無愧，她覺得這是她用青春換來的。

有天晚上，該是李先生回家的時候，他還沒有回來。南楠難以入睡，就打電話給他，當電話那邊傳來很曖昧的女人聲音時，她覺得很不舒服，但是她沒有指責他，因為她知道自己不過是個臨時情人而已。想到這裡，南楠覺得自己很受傷害。

打完電話後，南楠越來越清醒，她問自己這是怎麼了，愛上他了嗎？不可能。但是要立刻離開他，細想一下，她也有點不捨得。她忽然產生強烈的願望：她再也不願意和其他女人共用這個男人。等李先生回來後，南楠認真地告訴他，要麼他斷了和其他女人的關係，要麼她走人，她無法再忍受這樣混亂的男女關係。李先生像不認識她似的瞧了好久，並不把她的話當真。南楠生氣地說：「你以為我是開玩笑的嗎？你再這樣，我明天就走。」

李先生搞不明白這是怎麼了。李先生和好多個女孩相處過，南楠是一個例外。

南楠說出了更不可思議的話，她愛上李先生了。李先生說，打死他也不相信，愛情，值得嗎？

看著他莫名其妙的樣子，南楠很絕望，問：「你憑什麼不相信我？我是沒心沒肺的人嗎？」

誰也不願意緩和氣氛，他們僵持了一整夜。李先生害怕南楠的愛情，在他的眼裡，愛情是不可理喻的東西，懷著愛情的女人最難纏了。南楠的自尊使她不願再說什麼，既然李先生不相信她，那就走著瞧。

整整一個星期，南楠都賭著氣沒去上班，整個公司的員工都在談論這則大新聞：老闆的「小蜜」失蹤了。

前三天，南楠還等他的電話。後三天，她就開始恨他了，覺得他無情無義、禽獸不如。但是止不住的眼淚在提醒她，自己是有點喜歡他了，不然不會這麼難受。

一個星期後，南楠突然出現在李先生的辦公室，一言不發地收拾自己的東西。他漠然坐在一邊無動於衷。收拾完了，南楠拎著包包要走了，李先生仍然沉默以對。南楠忍不住問他有什麼要說的，沒想到他還是不吭聲。南楠忍不住說：「這個月的薪水我不要了……」沒想身後傳來李先生的回答：「妳曠職了，以為公司還會發薪水給妳嗎？」

心理分析

性和情

南楠急匆匆地來找我就是想證實她與他決裂是對還是錯，因為她的頭腦一片混亂。她也搞不清楚自己為什麼變得這樣古怪。他們本來就是兩相情願、各取所需，她有什麼不平衡的呢？她一點也不理解自己的心情，而她的「出走」更讓自己感到奇怪。其實連她也不相信自己愛上李先生了，但是自己為什麼忽然會在乎他呢？南楠沒有辦法確認自己的情緒，她失去了自己辨別是非對錯的判斷能力。

南楠不停地轉著手腕上的手串，說自己受了很大的打擊，覺得人生真的很無聊，不知道下一刻該做什麼……

用馬斯洛的話來說，人有不同等級的需求：溫飽、安全、愛情和發展。套用一句中國的老話就更簡單了：飽暖思淫慾。南楠在沒有錢時，可以為了有錢做一些違心的事情，而有了錢又有了性，心理和精神的要求就升級了，她還需要愛。可是她和李先生沒有愛情的起點更沒有平臺，所以李先生只會當她是異想天開，南楠自己也不理直氣壯。

心理學界把愛、性、婚姻分成好多個組合，南楠的行為一開始可算是「無愛無婚姻的性」。然而，人在性的驅使下，性情是在不斷變化的，尤其是性行為對人心理、情緒的刺激更是強烈。性是人最大的衝動，人的性行為已經不是純粹的生物生理行為，同時也是心理行為，所以性的感受也不是一成不變。在性的生理和心理的互相作用下，人的心理、情緒會發生相應的變動，這就是南楠搞不清楚自己心理狀態的原因。

一般來說，女性由性而引起的心理變化有這樣一些表現：

◆性實現－刺激情緒－產生情感連接，表現為情不自禁地回味、思念、渴望，並由性及人，愛屋及烏，情緒亢奮。

◆依賴階段－想把他拴在身邊－渴望百分之百地占據他的心，以便達到「性專屬」。對於女性，感情常常是達到性目的的手段。男人不動心，女人沒有性，動心是男性「動性」的前奏。

◆控制欲望－偵查和追逐－渴望了解他的所有活動，並為無法「性專屬」而痛苦，時時懷疑他有「外性」，嚴重缺乏安全感。此階段的表現為女性神經過敏、煩躁不安，情緒呈現極端狀態。

◆拉鋸狀態－情緒很不穩定－渴望付出更多來發展關係，但同時造成對方心理壓力：不接受不行，接受則很鬱悶。此種行為會導致男性產生疏遠心理。

◆ 受虐心理－愛得過分－追捕和逃避－自我憂傷－兩性關係危機，悲劇聯想，憂鬱。

以上情形常常被人們理解為是「愛情狀態」，但是實際上只是「需求」層面。需求是被動的、不安全的，而愛是積極的、理解的、愉悅的。無論是有愛或者是無愛的性關係，女性都更容易受傷害。而且，女性的性和愛的痛苦常常是隱蔽的、無意識的。

心理解碼　愛情本能與生俱在

性是我們最私密的東西，不僅因為性器官處於我們身體的正中、最隱祕的位置，也因為性是我們心靈中尊嚴和自信的象徵。傳統說法認為，女人的性是她的首飾盒，是她個人體面的珍藏，裡面不僅有她少女的夢想，還有外婆和母親留給她的古舊而溫馨的愛情密碼和導語。當女人取出了自己的首飾盒變賣飾品時，猶如掏空了自己的靈魂，使自尊無處可容。性畢竟不是首飾盒，今天「傾匣而出」，明天可以再買。當女人為了愛以外的因素而打開首飾盒時，她最後的安全防線被推倒了，她的自尊被踐踏，外婆的綠寶石不再那樣瑰麗，首飾盒的魔力消失了。

當人們很冷靜、很理智地討論「性」時，或者當人們的主觀動機被愛情以外的因素

「職業」情人

主導著去「性」時，或許有人會感覺自己很勢利、很俗氣或者很低級。但是當人們進入「性高潮」時，愛情的本能就恢復了。此時的人們能享受到性的愉悅和快樂，除非有人在這個非常時刻還在想「性」能換回多少錢。愛情本能是與生俱來的，雖然社會規則制約不合法理的愛和性，然而即使是「罪惡」的愛或者性，在愛的極端時刻，仍然會對人的心理產生極大的作用。這就是無愛無婚姻之性會導致心理情緒變化的原因。

儘管不符合倫理道德，但做別人的情人是一些人的選擇。做情人可能由於許許多多的原因，但不能僅僅是為了錢。因為不管將來怎麼樣，這樣的動機會使自己瞧不起自己。物質條件到了一定的程度，精神要求就產生了，違背了這個發展的規律，人們就會痛苦。南楠的愛因為最開始的動機有問題所以被懷疑，沒有被接受，所以她受到了很大的傷害。

所謂的「職業」情人就是指沒有想過結婚，只想以做情人的方式讓自己快樂的那種兩性關係。據說認可這種觀點的女生並不鮮見，她們認為這是一種方便省事、「寓錢於樂」的發展「捷徑」。這樣的生活真的很寫意嗎？我們不能光看她們光鮮的表面和露出的笑臉就信以為真，她們掩飾起來的痛同樣是真實的。

愛情和慾望的賽局

芬是我近期服務的對象，在做了三次諮商以後，她要我把週末晚上的時間留給她，聽她傾訴衷腸。她領著我走進了一家法國人常去的酒吧，挑了個好位置，可以將包廂及通向舞池的必經通道一覽無餘……

個案閱讀　午夜酒吧的期待

芬在那家酒吧裡認識了他——傑西。他是法國某公司在臺灣的業務代理人，芬對他一見傾心，他也是溫情脈脈，使芬神魂顛倒。芬跟著他去了他的住所，傑西給她看了家族全體成員的照片，並指著照片上的妻子對芬說：「我非常愛我的妻子。」然而在那一刻，芬發現自己愛上了傑西，他簡直是她心目中十全十美的楷模。這個來自法國的「白馬王子」點燃了她壓抑多年的情焰，奉獻的神聖感使她分外嫵媚。

他們相識一共三天，再過幾天，傑西便要回法國了。臨別時，他說：「別指望我會做些什麼承諾，我們是兩個世界的人。」芬卻驕傲地說：「也許今宵就是訣別，不求天長地久，只求曾經擁有，我得到過了……」

他說：「再過一個月，我還會來臺灣辦理一些遺留事務，也許我們還能相遇。」

傑西走了不久，芬第一次來找我諮商。這次，芬約我的時候，算來該是他回臺的日子。她請我去的地方，正是他們初次相逢的酒吧。雖然芬曾經驕傲地與他訣別，但是她的心再也不復安寧。芬以為自己很瀟灑，但是她畢竟是一個待字閨中的傳統女性。

「妳期望什麼呢？」我問她。

她迷茫地說：「我也知道這份愛情不會有結果，但希望他能記住我。他曾經動情地對我說：『妳太棒了，太優秀了！』」

芬確實是優秀的。她畢業於國立頂大，就職於新聞媒體行業，會說一口流利的英語。她工作、賺錢，做事業，卻從未墮入錢堆中唯利是圖。她是驕傲的，是尊崇情感的。可是自從高中就相戀的男友出國留學以後，她就時常陷入沮喪中。男友去國外讀書，她本計劃過一段時間也出國，可是隨著男友的訊息越來越少，他們最終分手了。在這之後，她日漸迴避與人接觸。這段期間，她幾乎是與外界隔絕的，情思使她迷惑恍惚、魂不守舍，焦慮與擔憂使她日漸憔悴。芬的朋友拉她到酒吧，一來是為了散心，二來是為了和外國人練口語為日後到國外方便。酒吧裡到處是美女、醇酒與野心勃勃的外國人，有些人僅為了錢，也有些人想尋找感覺而苦苦等待，唯有芬是默然而略帶憂傷的。芬是簡單的、矜持的，她僅僅是為了感受一下燈紅酒綠，品嘗時尚而已。但是，世界並不會因為她的簡單而變得簡單，傑西這樣的異域男士也不會因此而放棄消遣。就是在那天晚上，那個法國男人用他的微笑和酒俘虜了芬的心。在那個瞬間，芬的心豁然開朗，覺得整個世界都為之發光，而傑西就是那個為她舉著火把的普羅米修斯……

又一個迷人的夜晚，時間飛一樣地過去，清晨的太陽和著清風掀起了窗簾，照亮了房間也照亮了赤裸著靈魂和身體慾望的奴隸，芬的臉比朝陽還紅，她羞愧了……

她起身走了，低著頭。他靜靜地看著她，在她背後說：「一個月後，我們在老地方相會……」

這一刻，她後悔、自責、沮喪而憂傷。可是，為了這一刻，她又等了整整一個月，她痛苦於自己的墮落，可是又忍不住思念她的「普羅米修斯」。今夜他會來嗎？芬的自信心越來越弱，她變得焦慮不堪。

「今夜他不會再來！甚至他要回法國的說法都是藉口。」我在心裡說。但是我怎能這樣直白地傷害她，芬又怎麼肯接受這樣的無望……我正在躊躇該怎樣措辭，突然發現芬的眼睛放出了亮光。芬呼地站起身，邊朝外奔跑邊說：「他來了！」只一會兒，芬又進來，掩飾不住的沮喪寫在她的臉上，她嘆著氣說：「那個人太像他了呀！」

直到子夜時分，意亂情迷的芬才埋首在桌上，說：「他上次也是這時才來的。過了這時候，他也許就不會來了。我今天本來就是來亂碰的，他不來也好，我就從此放開手，今天晚上就當是為了忘卻的紀念。」她走進舞池，撲入瘋狂扭動身體的人群中……

「我恨他，但是我也很想他，我可以打個電話給他嗎？」芬在電話裡問我。

「假如妳能忍住，千萬別打這通電話。」我的態度很鮮明。傑西毫無誠意，連做情人也很勉強。芬去找他不過是自取其辱。

芬同意我的看法。那個男人無情無義，但是她的心裡，像有隻小貓在撓著她的心，她的心火燒火燎，十分焦灼。第二天，芬終究沒忍住，打了電話給他。芬的心跳得要蹦出來，她盼他接又怕他接，汗都出來了……他接了電話，等他明白是芬後，第一句話就是：「天啊，我已經把這件事全忘了！」

幾天後，芬又來找我，她感到心口一陣陣地痛，覺得自己太不幸了。

她說自己並沒有想要嫁給他，也沒有想去纏住他，他為什麼要那麼害怕呢？

芬的朋友說，要把他臭罵一頓，沒本事就別去招惹女人。但芬不忍心這樣做，她還在牽掛他，並不想傷害他。

我建議芬不必去找他理論。這位先生還算是有點良知的，他明知芬一片痴心，如果他「趁火打劫」與芬繼續往來，到時候說聲「拜拜」，芬只會更慘！而且他是很謹慎的，一開始就告訴芬，他「很愛妻子」，這便是不會對芬有愛情承諾的宣言。而芬與他在一起，並不要錢，想必是想要更有價值的東西，他無法給予，所以他便拒絕了芬。

聽了我的話，芬更沮喪了。她長長地嘆息一聲，問我：「我能再打一次電話給他嗎？」

「妳打電話給他是為了什麼呢？是安慰他，還是向他乞憐，或是為了責怪他？如果妳還想保留一點感覺，最好還是保持沉默。你們這場相遇，他是逢場作戲，妳是過於壓抑才意亂情迷。他並沒有過任何承諾，甚至沒說過一聲『我愛妳』，就是怕妳去打擾他呀！」

心理分析　愛情是慾望的武器

其實芬也不必太沮喪，在她獻身的一刻，她展示的畢竟是美麗的身體與聖潔的心靈。人類的慾望是不分國界的。然而，這和婚姻、愛情尚有距離。慾望是更瘋狂的，而愛情是更有智慧的，因而是更安全的。在和男友分手後，芬的身心一直是壓抑的，突如其來的「豔遇」，打破了她的自我封閉，喚醒了她的慾望，卻又迅速地消失，使她重新陷入沮喪中，這讓她非常痛苦。

雖然芬很自責、很矛盾，但是她痛苦的基點已經提升了。她的沮喪不是因為傑西沒有繼續和她交往，而是因為失去，不是因為物欲，而是因為性慾。在性飢渴的狀態下，她向對方投射了「愛」的需求，但是這絕對不是愛情。這次「豔遇」啟動了她對愛情的嚮往。對於她來說，這是一種進步，也是一種釋放。經由這次事件，芬擺脫了壓抑的失戀往事，同時也承受了「喪失」新的性關係的壓力。雖然都是喪失，但情況不同，引起的心理反應也不一樣，這也可以理解為是芬治癒心理創傷的自我努力。雖然芬承受了新的心理創傷，但是她必定要這樣做。她需要這樣的過程來消解心中愛而不得的鬱悶。自從與男友分手後，她的愛情似乎休克了，她的活力也休克了，傑西啟動了她的愛情，芬的「失戀症候群」正在逐漸痊癒，傑西其實是她走出愛情休克的精神拐杖。

芬的行為展現了部分女性對兩性關係的態度，是追求獨立自主的。然而，這種灑脫的背後隱藏著困惑：無法滿足與人之間深度溝通的需求和建立心理上親密關係的需求。忽視了這種需求，會造成心理上的不安全感，會導致情緒壓抑、注意力渙散，讓人進入能量無法正常發揮的灰色狀態，進而產生失落感和不滿足感。這也是現代生活帶來的衝突：心理上的依賴和控制，情感上的獨立與寂寞。

心理解碼　女人為什麼「做作」？

「做作」是一個內涵豐富的字眼，倘若把它和女人連在一起，更是褒貶難分，一言難盡。部分男性認為，不會「做作」的女人太乏味，「做作」得過分的女人太麻煩，他們希望女人能夠在不妨礙他們利益和安全的情況下，「做作」得適當、「做作」得夠味。其實女人自己也不清楚自己究竟在「做作」什麼，她只有一種「做作」的情緒，而沒有明確的目的。「做作」已在我們心目中有了約定俗成的意思：女人的「做作」是橫挑鼻子豎挑眼，顧左右而言他，朝令夕改，出爾反爾。倘若男性順著女性的思路去揣摩，則南轅北轍，離題萬里，她「做作」得越來越厲害，男性則一頭霧水，越來越迷糊。

我也是女人，也會「做作」，但是心裡明白，「做作」出來的都不是真正的理由，而是幌子；真正在乎的，卻又說不出口，於是便借題發揮，「作」天「作」地，令男性不知所措。

女人「做作」的形式應有盡有，「做作」的心情可以分為以下四種：

◆ **引人注目**：當女性感覺到伴侶不夠關心自己時，她會使些花招，引起伴侶對她的注意。《聖境預言書》認為，誰引起了他人的注意，誰就獲得了關注者的能量。

◆ **情感寂寞**：當女性覺得情感壓抑、心情不安時，便會尋求伴侶的呵護。她們需要自己所愛的人能夠傾聽她們談話，呼應她們可能是無聊的閒話。此時女性「做作」的潛在心理語言是「請你多愛我一點……」。

◆ **性飢渴**：性的不滿足常是女性「作」的直接動機，她們無法明言，一是受到傳統習俗的制約，二是這種制約在潛意識層面抑制了她，她自己並沒有直接在心理上意識到。然而，她渴望性，她需要性，所以她「做作」。

◆ **忌妒**：忌妒是使女性「做作」的最簡單、最頻繁的理由。丈夫對婆婆的好、伴侶與女性朋友的親密都會讓女性忌妒。

使小性子、鬧脾氣是女性的「專屬權益」，卻也為男性創造了施展風度與魅力的機會。女性「做作」的本質是愛。只要男性透過表面看實質，聞「作」而動，便能立竿見影，使女性化怒為嗔、破涕為笑。在這些地方，俗話云：夫妻床頭吵床尾和；又云：夫妻沒有隔夜仇。這都說明，「做作」和「愛」是消除隔閡最簡單、最快捷的方法。

女性「做作」是為求愛，男性因愛而喜歡被「做作」，「作」而愛，愛而「作」。只要不過分，這都可以是人生的一種樂趣。

「痴心」是一種病

所謂的「痴心」其實是一種心病，它源於一種心理，那就是極其缺乏自信心、安全感和獨立性。

個案閱讀

為什麼受傷的總是我……

夏日的午後，溫度高達三十九度，小蝶需要緊急心理援助，我不假思索就答應了她。當我趕到諮商中心時，她已經等在花壇邊，像一朵盛開的牡丹，特別醒目。還沒有說話，小蝶已是淚如雨下，她正面臨著痛苦的抉擇：是飛去香港過完假期再走，還是直接回家和父母團聚。

自從幾年前在校園遇見李東，小蝶的心就再也不是自己的了。小蝶的一顰一笑、一舉一動全是為了他。李東是來自香港的碩士生，小蝶是臺北人，和李東同校，是新聞系的學生。在小蝶的眼中，李東是個沒有缺點的「新好男人」，他溫柔、斯文、體貼、勤奮，什麼都是好的。只要看上他一眼，她就能興奮半天。小蝶本不是個仔細的人，遇到李東以後，她就生了心眼、變了性情。同學們發現，不管李東在哪裡，小蝶必在不遠處。

李東是很典型的香港中產階級家庭的獨生子，有很濃的小資情調，講究生活品質，像女孩那樣潔身自好。他當然能察覺到自己身後多了條「尾巴」，他再怎麼矜持，也難以抵擋小蝶猛烈地進攻，他們不久就「拍拖」了，一個斯文而矜持的香港男生和一個興奮而躁動的臺北女生。

那時，他們都非常投入，但他們都不知道隱患已經埋下了。他們的戀愛在一開始就是不平等的，小蝶視李東為生命的全部，而在李東的心裡，這愛情只是他人生的啟蒙，感覺還不錯，但是離刻骨銘心還很遠。過了半年，第一次考驗就來了，李東畢業後堅持要回香港，而小蝶也是一心跟他去香港，因為小蝶一刻也不想離開李東。可是小蝶的父母是有經驗的，他們能感覺到李東的疏淡和隨意，對他們兩個的關係一直心存疑慮。他們見小蝶像揚起了風帆的船，不起航是不可能的，也只能讓她跟著李東去香港。

回香港是他們關係的一個重要轉折，也是這份愛情的必然結果。李東愛自己原本的生活狀態，他不可能為了小蝶留在臺灣，而小蝶為了愛情不惜捨去一切，便跟著李東來到香港，愛情悲劇就此掀開了序幕。

在一個香港中產階級的家庭生活，對小蝶而言像是進入了外星人的世界。異國戀的結果，是她除了對李東的感情以外，其他一切都無法適應。在找工作的那段時間，小蝶非常焦慮，一天打好幾次電話給李東，鬧得李東非常煩躁，而他稍有疏忽，小蝶便追逐得更加緊密。李東並不是很在乎小蝶的工作，他一心想憑藉自己的努力做出一番成就，小蝶卻不在乎李東的成就，她想的是怎樣讓他們的愛情流光溢彩。回香港才半年時間，李東就覺得自己快要被小蝶的愛情壓得窒息了，他對小蝶說：「我們是不合適的，我們分手吧……」

小蝶似乎有所準備，她只是默默地抽泣，說：「我有預感，早晚會有這樣的結果。我不會賴著你，只想再有機會感受一下，你的愛情是否會回來……」

李東也是傷神，卻沒有辦法勉強自己，他們約定，小蝶搬出李東家，在附近租房獨住，讓距離檢驗雙方的「愛情」。整整兩年，小蝶成了「應召女郎」，李東有時去她那裡，偶爾也召她回來。每隔幾個月，李東就會問小蝶是否準備好分手，而每問一次，小蝶的心就像被刀割似的痛，她的希望眼見就要落空了。最近李東催得她很急，說假如再不分手，他將不再來看她。

小蝶來找我時，已經一個星期沒有見到李東了，小蝶不知道自己該接受分手還是繼續等待那已經氣若游絲的愛情。我問小蝶：「為什麼明知愛情回不來了，妳還乞求更大的傷害？」小蝶抬起手腕給我看手鐲，說：「假如一點希望也沒有，為什麼他會買這麼貴重的禮物給我？」那只晃動的手鐲發出刺眼的白光，似乎在挽救愛情最後的幻想。我提醒小蝶，手鐲也許是為了忘卻的紀念，李東想用它緩衝遺棄的愧疚。

小蝶和每一位來訪者一樣，在來找我之前心裡已經有了答案，他們之所以前來，只是為了尋求理解和支持。小蝶其實知道這是一份難以挽回的愛情，再拖下去對彼此的傷害更大。小蝶並沒有很怨恨李東，她只是抱怨自己的命運不濟而已。小蝶決定分手，餘下的事情變得很簡單，她只是無法決定還要不要回香港看他。小蝶說很想最後多吃幾頓李家的飯，最後再見李東幾面，把情人做到最後一刻……

我問小蝶：「然後，明天怎麼辦？妳會不會更傷、更痛？既然他已經這樣絕情，為什麼妳還要那樣纏綿？」

小蝶說要回去好好想想。傍晚時分，小蝶把她的決定告訴了我，她決定早一點離開，早一點結束傷害……

心理分析　愛情和依賴的區別

小蝶和很多女人一樣會很困惑：為什麼真心付出總是沒有回報。同樣是付出，可是動機有差別；同樣的動機，效果也不一樣。

女人在愛情上有一個很明顯的迷思，就是當她想付出時，不問對方的感受，或者說不在乎對方的意願。自己想愛就拚命給予，然而又因為曾經給予而興師問罪：我對你這麼好，你為什麼不對我好？女人在愛情方面還有一個癖好：對方越冷淡她越起勁，對方堅持不愛她，她就堅持愛對方；一旦對方撐不住而回頭，她立刻就會覺得乏味。李東在最開始戀愛時就有點勉強，但是由於小蝶非常愛他，所以她就透過追加付出來達到目的。女人在需要愛和性時，有時會蒙上眼睛，亂槍打鳥，或者自己編織花環替對方戴上，自我陶醉。這種不平等的愛是不可能持久的，一開始是差之毫釐，到後來是謬以千里，假如一開始就勉強，之後的結果不難想像。所以，當女人想愛時，第一要弄清楚對方是否需要愛情；第二要弄清楚對方需要愛情的程度，超出對方需要的愛情會使他厭煩。當對方覺得「愛」成為負擔時，他就會逃跑。

讓我們來比較一下「我愛你，因為我需要你」和「我需要你，因為我愛你」的區別。

前者是因為需要才愛，後者是因為愛才需要，這在動機上具有完全不同的意義。愛情是一種很熱烈、很舒心也很自由的感受和行為；需要則是機械的、強迫的、被動的，它受到生理需求、不安全感和物欲的驅使更多，所以常常是身不由己的、情不自禁的、帶著控制目的的行為。由需要主導的愛情產生的是嚴重的依賴感，依賴者起初是依賴物欲和「愛情」，後來往往因為依賴而受挫。在此之後，依賴者更會依賴受挫折的感覺，也就是被虐的感覺。被虐會使依賴者稍微安心，依賴者希望以被虐去換回自己需要的東西。男人受不了女人依賴產生的所有行為：要聽對方不厭其煩地說「我愛妳」；一天和對方通話八次；希望知道對方所有的行動和計畫；最好對方和其他異性沒有來往、對方的心被自己占滿。

這不是愛情，這是依賴產生的控制心，女人可以為這種控制欲望付出一切代價，但是這不是愛，只是需要和依賴。

這樣的愛情是沒有發展前途的，這樣的愛情往往以分手告終。

心理解碼　愛得過分的女人

我理解的愛情包括信任、尊重、喜歡、輕鬆、自由、獨立、積極而持久。死去活來、忐忑不安、焦躁和極端情緒都不是愛情的特徵。

痴心不是愛情，痴心是一種依賴。有人會自得於自己的痴心，卻不知痴心是一種心理疾病，其病因是他失去了個人意識和自我意志，因而感受不到生活的樂趣。他的生存在更多意義上只是一種無奈的忍受。「愛情」只是他為了振奮精神、擺脫無望狀態的「精神鴉片」，或者說類似一種「救命稻草」，因此，他是不自信的。這些痴心和種種「愛得過分」的言行，就是這種不自信的表現。痴心者把自己的人生押在他人的天平上，讓自己戰戰兢兢、受盡折磨。小蝶就因滿腔痴情被李東拒絕，幾乎喪失了生活的意趣。

女人會愛得過分，往往與經歷、處境有關。一般來說，這是因為其成長在功能失調的家庭，家庭成員的角色錯位。具體有以下一些原因：

◆ 她們在生活環境中得不到基本的關愛，父母雙方或一方對子女很冷漠。因為缺乏關愛，她們試圖在生活中得到彌補，因此會過分給予。

◆ 迷上冷漠的男人，以滿足自己受挫的願望。她們需要的是透過努力卻得不到的感覺，她們在心理上習慣了得不到的狀態。

◆ 為吸引對方不惜代價，通常會超常付出自我。

◆ 習慣缺乏、等待、追求。

◆ 過分承擔責任、自責。

◆ 自尊心不足，對愛情沒有信心，但又不甘心。

◆ 缺乏安全感，產生了過度的控制欲。

◆ 醉心於設想如何實現自己的夢想，很少面對現實。

◆ 總是處於感情困惑中，因為過分迷戀對方反而被對方控制。

◆ 容易酗酒，喜歡特別的食物。

◆ 無法集中精力對自己負責，對自己抱持放棄的態度，過分關心別人。

◆ 主動出擊，建立不可靠關係，尋求刺激以逃避沮喪。

◆ 對友善、穩定、對自己有興趣的男人不感興趣，覺得乏味，對痛苦感興趣，有被虐傾向。

◆ 害怕被棄，委曲求全保婚姻。

想要愛情持久穩定、健康安全，應盡量做到：

◆ 保持合適的距離。這是愛情必備的物理空間，「愛情零距離」最容易破壞美感、扼殺想像力。

◆ 給對方相對獨立的時間。這是讓對方恢復自我的心理「供氧區」，沒有人可以長久地關注別人，也沒有人願意長久地被人關注。

◆ 提升自己的活力和魅力，以自己的聰明才幹吸引對方的注意力。

◆ 研究對方的習慣，讓對方生活得妥貼。

◆ 保持自我獨立，讓對方有輕微的不安全感。

「痴心」是一種心理失衡

「痴心」不是愛情，「痴心」是一種依賴。痴心者把自己押在他人的天平上，讓自己戰戰兢兢、受盡折磨。

個案閱讀　浪漫愛情的刺激

錦出身鄉下，後在大都市工作、生活成為職場菁英。在這之前，他強迫自己「心如止水」，目不斜視，離女性遠遠的，和愛情幾乎沾不上邊。現在他終於熬出來了，拿著不菲的薪水，他可以四處張望，去追逐自己的愛情了。

他無數次地思索：為什麼那位美麗的音小姐總是像含羞草似的把自己的心封閉起來？她失戀了嗎？她的傷有多重？她的痛有多深？在錦看來，無論她有多麼沉重、複雜的過去，此刻的她是那麼嬌弱無助、楚楚可憐，她的沉默時時激起他庇護她的衝動。

美麗的音依然用緘默來保護自己，錦卻大大地改變了，他變得多話、激昂，沒來由地笑，眼睛放出了光芒。週五下班時，錦比往常稍微提早出公司，在離公司五百公尺遠的轉角處焦慮地踱著步，等待音下班。來了，那個穿著黑衣服、長髮飄飄，宛如天使的女人，正是他心目中的女神！還差幾步，錦閃身出來，向音問候。音很吃驚，但聽著錦悅耳的聲音，看著他激動不乏緊張的臉，音露出了笑意。「她居然沒有拒絕！」錦的心一下子踏實了。從此，只要音出現在錦的視線之內，錦便不會錯過每一個瞬間，他的目光時時跟定她的身影。雖然她不會回眸相望，但是從她日漸舒展的神情，從她漸上臉龐的紅暈，錦可以肯定她每一次都能感受到自己的心意。音像一朵熬過冬天的花朵，在縷縷的春風裡，躊躇著想要綻放。

錦很努力地想與音建立更親密的關係，他去買了音樂會的門票邀請她一起去，音搖搖頭；他邀請她去酒吧茶坊放鬆，她拒絕了。錦沒輸了，日夜苦思冥想，思索著用怎樣的詞句寫電子郵件給音，一封、兩封……寫了不知有幾封，音依然欲語又止，欲語還羞，沒有明顯的反應。時間長了，錦銳氣大減，自信心低落。可就在這天晚上，他在電子信箱裡發現了音給自己的回信：「驀然回首，那人卻在，燈火闌珊處。」

呀，寫給她的電子郵件有效果了，錦欣喜若狂。

愛情之井有多深？

音的心情遠遠不是「一日不見如隔三秋」可以形容的，她現在恨不得把錦時時拴在身邊，時時刻刻和他分享愛情。音是那種性格極端的人，一旦消除了疑慮，她就會全身心地投入，徹底滿足愛的心願。錦則像一匹「愛情黑馬」橫空出世，令人矚目，無論其他人怎樣看，他都無所謂，他沉浸在自己的勝利中，享受兩顆心在撞擊瞬間產生的令人暈眩的幸福。

然而，對於音來說，再次降臨的愛使她忐忑不安，這是機會也是風險。音對這份愛情倍加珍惜，她想要做得更好，愛得更細致、更溫柔，以彌補初戀的傷痛。

初時，錦感到心滿意足，但過不了多久，他就感到煩躁，那是一種被強烈的愛情陽光時時照耀造成的疲憊。錦累了，常常想起單身時的安樂，他想休息一會兒。

一個週末的晚上，朋友們招呼錦外出聚餐，他答應音晚上九點以前回家。可是，那時酒興正濃，他哪裡肯鳴金收兵，只管美酒一杯又一杯……手機響了，裡面傳來的是音纏綿的聲音，問他為什麼還不回家，錦含糊地應答著，中斷了通話。五分鐘後，手機又響起來了，這次音的聲音更溫柔，簡直讓人無法拒絕，可是錦仍然不理會，應了一聲便又「乎乾啦」。此後，手機鈴聲不斷響起，朋友們笑聲四起，錦趁著酒興一次次掛斷電話。「別理她，由著她鬧。」這樣說著，錦頓時感覺自己瀟灑了起來。可是音不甘寂寞，還是拚命打電話，打得錦心煩意亂，他把手機關了，又端起了酒杯……

當朋友們把醉得一塌糊塗的錦送到家門口時，他頓時清醒了，歉疚感攫住了他的心。但進了家門後，他卻糊塗了：只見音穿著幾乎透明的、遮掩很少的睡衣，像個狐仙似的站在屋子中央，在朦朧的燈光照耀下，她濃豔的妝容令錦失去了真實感。錦站在門口沒有動彈，音卻一下子撲過來，說：「你總算回來了，我以為你不再愛我了……我會改變自己，不那樣纏你……你會原諒我嗎？」音捧著錦的腦袋，反反覆覆地唸叨，一串串的淚珠滴在錦的頭上，她身上濃烈的香水味和著她熱烈的吻讓錦有些心煩意亂……錦把她安撫到床上，看著驚恐不安、涕泗滂沱的音，錦忽然覺得她很可憐，那種一直緊抓著他的神祕感、敬畏感消失了，甚至原來那種強烈的欲望也遲鈍了。他覺得自己的心在那個瞬間成了一個空洞，那種銷魂的甜蜜正在逃離，越來越遠，他的手綿軟無力，拉也拉不住了。

死亡本能

當錦發現自己可以對音為所欲為，而她只會一味退讓、順從時，愛的激情消失了，美感也消失了。這種不平等的關係不是他所期望的愛情。他的愛情是驕傲的，他希望得到真誠、純潔、平等的愛情回報，而不是如音現在這樣似乎另有企圖。決裂是痛苦的，但是他無法再忍受。躊躇了好久，他終於說出：「也許我們彼此是不合適的，我們可以嘗試去尋找新的機會……」

音很痛苦，可是她似乎有如釋重負之感，意料之中的悲劇終於發生了，她也因此可以放下揪緊的心。

但是，她仍忍不住問：「難道就沒有希望了嗎？當初，你曾是那麼瘋狂。」音從抽屜裡翻出了列印出來的那些郵件遞給了他：

……像個挑夫，我背著對妳的思念／走了一程又一程／沒有路標／我唯懷著妳的名字／宛若懷著一枚憂鬱的指南針／執著地一人走進去／也許再也不能走出來……

錦接過來，默默地瀏覽，他無話可說，因為他不知道自己為什麼變了心。

音可以相信錦當初的愛是真誠的，但是她更相信男人的愛是不長久的。為什麼會這樣呢？她同樣不清楚。到了這個份上，說什麼也是多餘，遭遇了這次情變，音已不是當初的含羞草，而是把什麼都放下了，無欲無望地走出這個租來的愛巢，為自己重新找個歸宿。

還是在自己的小屋，也是在這樣的深夜，躺在這張小床上，死亡的記憶又被喚醒……她曾用薄薄的小刀，輕輕地割開了自己的手腕，想著血一滴一滴地往下流淌著，她彷彿聽見了生命逐漸消失的聲音。令她感到奇怪的是，在最後的時間裡，她思念的居然還是那個她恨的人，那個攪碎了她的心、讓她無法活下去的人！在等待死亡的瞬間，往事變得特別清晰……那個曾經不顧死活把她占有的英俊的、殘忍的男人，在確認贏得了她的愛後，放下了提著的心，立刻就去國外留學。她盼星星盼月亮，盼他歸來，可盼來的是由他母親轉達的「安慰」：請音不要等他，他暫時不會回家，為了報答她曾經的愛，他將給她一筆錢，並為她找一份合適的工作。乍聽到這消息，音全身發軟，她明白這是無可更改的事實，她受到了極大的傷害，她不想活了，她想割斷手腕上的動脈讓自己悄悄死去。可是她被救了，她的母親救了她。面對媽媽，音不能繼續尋死，這對母親太不公平了。

心理分析

「初性」的烙印

音活了下來，可在她的心裡，充塞著生命的三大阻力：一是對那個人的仇恨，二是對愛情的絕望，三是自信心的崩潰。令她極其痛苦的是，雖然她痛恨他，可是初戀和「初性」的情景卻融入血脈，在身體裡上上下下翻滾。人的身體常常背離了意識的原則，她似乎是有記憶的，懷念著沐浴愛情甘露的情景，並情不自禁地沉浸在銷魂的往事中。然而，對甜蜜往事的回味卻是致命的毒藥，正是這種「初性」的深刻造成了她不甘平庸生活的反差，並對她今後生活布下了陷阱。她勉強活著，她的心卻在伺機尋找死的可能。她放棄了愛，放棄了努力，放棄了希望，可是錦的堅持不懈，再次點燃了她生命中那一點微弱的生機。在錦的猛烈追求下，她拋棄了絕望，再次冒險，她又投入了愛。然而，她沒有料到，愛情悲劇再次上演。

她還是想死。可是，死並不容易，死亡的最大阻力是生的本能，即使是在死亡衝動占上風的時候，那一絲生的渴望仍然有可能拯救生命。母親的一聲咳嗽，打消了她死亡的念頭，音猛然想到：「我死了，媽媽怎麼辦？」在這一念間，她知道這一次的自殺又失敗了。她知道，自己只能活下去了，那一刻，音的腦袋一片空白。

心理解碼

痴心是一種什麼病？

音的心理崩潰似乎是失戀所引起的，假如是那樣，我們就該思考：為什麼她的付出總是沒有回報？為什麼她把愛情看得重於生命？儘管世俗文化常常讚美這種至死不渝的堅貞，但從心理學的角度來看，音的行為有著明顯的自虐傾向。假如有誰想毀壞自己，沒有比總是讓自己失戀更能自欺欺人和掩人耳目了。

經歷過那次死亡危機後，音來到了我的諮商室，她要尋求一個答案：為什麼她愛得越深、做得越好，男人們卻總是逃得越快、躲得越遠？我讓她想像，假如有一個人，他在和她的交往中，雙腳離地，把全部重心壓在她的身上，她是否會躲開？在身體上是如此，在精神上同樣如此，當她把自己所有的精神能量全傾瀉在對方那裡，對方就會因難以承受而避之唯恐不及。音的問題在於「愛得過分」，即所謂的「痴心」。有人會自得於自己的痴心，卻不知痴心是一種心理疾病，其病因是由於失去了個人意識和自我意志，從而感受不到生活的樂趣。他的生存在更多意義上只是一種無奈的忍受。「愛情」只是他為了振奮精神、擺脫無望狀態的「精神鴉片」，或者說是一種類似救命稻草的「存在」，他是不自信的。「痴心」和種種「愛得過分」的言行，就是這種不自信的表現。在某種意義上，正是他的不自信，引起了對方的疑惑：「你對我那麼遷就、順從，是否另有企圖？」我們了解了「痴心」的心理意義，這樣便產生了另一個問題：是什麼使他失去了個人的自我意識？在一個人的成長過程中，假如他不斷地被過分干預，而他總是採取退縮、讓步的方式苟且偷安，時間久了，他的情緒就會憂鬱、意志就會萎縮，並引起心理退化。心理退化的極端狀態就是後退到無生命的「無機」狀態，也就是死亡狀態。

我為音提供的幫助，就是要使音能認識自己的心態，找出之所以會這樣的歷史原因和當前原因，檢討原本愛情模式的非理性因素，建立起新的愛情理念，重新體驗愛和被愛。

資優生的戀愛遊戲

資優生在戀愛中的種種不可理喻的行為，就像孔雀漂亮羽毛下的屁股，說得正面一點，就是優秀光環下的陰影。

個案閱讀

施虐和受虐的資優生

天音走後，我的助手說：「她是我見過最漂亮的來訪者。她不僅身材高挑、姿態輕盈，皮膚細嫩潤滑如廣告中的模特，還有迷死人的笑臉。我看她的時間，起碼比看其他人多了幾十秒。」然而，她迷死人的笑臉後面卻是痛苦不堪的心。

天音大學畢業兩年後就已經擔任某廣告公司的行銷部經理。她的父親是醫生，母親是中學老師。當她報了身分之後，我便有聯想：這也許是最保守的社會夾層，而其子女的壓抑亦可見一斑。天音想裝作很灑脫，但是她沒有做到。還沒有開口說話，淚就盈滿了眼眶，從畢業前夕就相戀的男友已經失聯整整兩個星期。一直以來，她就是他的主人，他對她唯命是從，可是這一次他竟然如此絕情，真的離她而去，一步也不回頭。最可氣的是，他各方面條件都不如自己。

天音初見他是在一家報社，一進廣告部的門就看見了他：白襯衫黑褲子，修長的身體，略顯憂鬱的表情。而他並沒有知覺，正等著交接文本。這一見好似電閃雷鳴，他的形象一下子刺進了天音的心靈，令她心動得幾乎要窒息；眼睜睜看著他離去，天音心裡立刻像缺了什麼似的空虛。那時，她還在實習，而他在廣告部做助理。我完全能夠想像當他明白過來自己被「白雪公主」相中，可能成為「東床快婿」時的驚喜和震撼。那個時候，誰都難免懷疑自己是在夢中。那種似夢似醒、欣喜若狂、感激涕零的樣子正是「公主們」的癖好，這讓她們享受到了給予、施捨、拯救的樂趣。

天音坦言，在和他的交往中，她真的是個為所欲為的「公主」，他像《鐘樓怪人》中的敲鐘人加西莫多膜拜吉普賽女郎愛絲梅拉達一樣仰視著自己，她是他的愛情上帝，主宰著他的靈魂。無論天音對他怎樣頤指氣使，他都是她最恭敬的臣民。天音說，他甚至可以在大街上為她綁鞋帶。被愛情折磨得六神無主的他，還要分心去做天音要求的「事業」。天音的話成為他的警世鐘：她可以原諒他從前不努力，但是她不會嫁給一個不成功的男人！他天天強迫自己學英語、學程式設計、學美術……為的是可以娶像天音這樣的絕色女子。

也許是這種征服來得太容易了，戀愛中的主僕關係確定以後，總是主人更容易覺得膩味。不久，天音知道大學時的初戀男友從國外回來了，也知道他帶回了新女友，本能地產生一種爭奪的衝動，產生強烈的和自己的「後任」一爭高低的念頭。初戀男友是被她甩掉的，當年她討厭和門當戶對的他「親密無間」。他們太熟悉了，她覺得他們像兄妹一樣玩耍，怎麼也沒有心動的感覺，她不願意再玩這樣的愛情遊戲。雖然初戀男友很痛苦，但是也只能甘休，他已經被天音訓練得只習慣服從了。

戰鬥還沒有開始，八字沒有一撇，天音已經和現任男友——那個「冤大頭」攤牌，說：「我膩了當『公主』的愛情遊戲，我的初戀男友回來了，我想我和他更合適……」霎時，他的臉紅得像豬血似的，但是他沒有發作，他用痛苦的沉默給了天音「解脫證書」。那一刻的羞辱非常大，但是他忍了，而他的痛苦只是增強了天音去搶回曾經被自己扔掉的愛情的信心。她像一朵有毒的罌粟，因為自己的心裡有毒，便以美麗的容顏為掩護，去破壞美麗的心靈以求解脫。可惜世間的男子多愚笨，他們只見容顏不見心，被毒死了都不知是怎麼回事。初戀男友在確認天音要吃「回頭草」後，居然激動得涕泗滂沱，像天音一樣斷然拒絕了現任女友，顛顛地奔向天音，享受「失而復得」的狂喜……

心理分析

「公主」和「灰男人」的愛情

天音徹底贏了，她可以任意地玩弄別人的感情，拿來扔掉、再拿來，如探囊取物，一切都在她的計算之中。可是此刻的她為無人可以征服自己而困惑，她有點了解米蘭・昆德拉(Milan Kundera)的「生命中不能承受之輕」之迷惘，然而這無法減緩她自己的孤獨。當她實在無法忍受那搶來的愛情時，她義無反顧地向那個憂鬱而痛苦的男友懺悔。這一次，她對他說「抱歉」，反省自己傷害了他，而他也顧不得曾經的痛苦，用緊緊的擁抱和娓娓的囈語感激天音再次選擇了自己。

憂鬱的男友家境貧寒，天音的愛情是他獲得成功的強大動力。他想開廣告公司，但是缺乏資金，天音的收入不菲，答應借錢給他，但是要如期歸還，晚一天也不行，她說「令出如山」是她的習慣，她喜歡正確和準時。負債的男友從此開始奮鬥，天音仍然恣意妄為做她的「公主」。還款的日子就要到了，天音在前一天就提醒他，當聽到他提出要延後一天再還錢時，她斬釘截鐵地說不行。他沉默了，很尷尬，但是她不依不饒，堅持一定要在當晚十二點以前歸還。還款的那天，在他們常去的那間酒吧，天音等著他，晚上十一點左右，他來了，從手提箱裡捧出了現金還給天音。他的眼睛紅紅的，表情麻木。直到此時，天音才略感不妥，她發現自己這個玩笑開得太過分了，狠狠地踐踏了他的自尊，但是她沒有表達自己的歉意，她也因此失去了最後的機會。

從那天以後，他不再像以前那樣天天問候天音，他的沉默延續下去了。第二天，天音就開始警覺，不停地打他的手機，問他怎麼了。他總是很禮貌，說是工作忙，可言語中沒有了卑微和膽怯，那是一種從未有過的平靜。天音開始驚慌，時時刻刻地恐懼，她似乎意識到了危險，好像災難要臨頭了。她的潛意識開始覺醒，忽然意識到他是自己真正愛的人，是真正可靠的伴侶，而自己正在無情地毀滅這美好的一切。但是，天音已經習慣了刁蠻，危機當前她還是想再賭一把，她以為過幾天就會雲開日出，他還會是自己的愛情奴僕。於是，她忍住了找他的衝動，而是等他的問候。誰都不知道這次他是怎麼想的，他的沉默延續了三天。三天之中，天音的恐懼與日俱增，第三天的夜晚，她彷彿感到天要塌下來。她突然覺得自己是個可憐的小女孩，假如沒有他的「配合」，她什麼也不是！天音不想再當刁蠻公主了，她變成了一個沒有自信的、惶恐不安的女孩，天天去問候他，跑到他的住所，為他鋪床疊被，做怯怯的「灶下婢」……她告訴自己這是最後的機會。可是，溫和依舊，笑容依舊，他的心已經被愛情折磨得麻木，他不拒絕也不逢迎，平靜地任她做一切。天音流淚了，她懺悔自己所做的一切，哀求他再給自己一次機會，願意為他做所有，甚至可以當街為他綁鞋帶。聽著天音的哀求，他的心門徹底關上，沒想到心目中的「公主」原來竟是如此低賤。這樣的失望不是天音能夠想像的，她的行為在告訴他：她是明知故犯，是刻意地欺凌和虐待！他為自己曾經為了這樣一個女人受辱而瘋狂懺悔。

天音再去的時候，人去樓空，他搬走了。站在門口，天音產生了死的念頭，被一個各方面都不如自己的人甩了，活著還有什麼意思？支撐她的是她的好奇心：他究竟會怎麼樣？他會回頭嗎？他還在乎自己嗎？等弄清楚這一切再說吧！但是，當她知道他搬出去是和一個比他大五歲、並且離過婚的女人同居時，天音的大腦像被風暴掠過的原野，變得一片空白，不知該喜還是該憂，喜的是對手不堪一擊，憂的是不知道他還會不會像從前那樣對待自己。

他一直迴避著，不見面也不接電話，無論傳給他多少訊息皆如泥牛入海杳無音信。有一天，天音晚飯後住進賓館，一刻不停地打電話給他，他總算是接了電話。天音說：「我只問一句，你喜歡她還是喜歡我？」當她聽到回答是「她」時，天音覺得自己不想活了。天音換上了最漂亮的衣服，呆呆地坐了兩小時，然後傳訊息給他：「你再不來，就再也看不到我了，我當以生命謝罪……」

他還是沒有反應，天音握在手裡的小刀始終沒有動彈，她知道自己永遠失去了他，她在心裡罵自己「活該」。那天晚上，她流了一夜的淚……

心理解碼　喪失的優勢

失戀的黑洞像一顆壞掉的水果，不碰也在流苦水。只要一想到他，天音的心就有種被撕裂的感覺，支持著她的是他往日無微不至的溫柔。然而，這是一把雙刃劍，讓她留戀也給她傷害，這種回味使她痛苦得幾乎瘋掉……

天音真的像她現在對自己的評估那樣，是一個理該受到懲罰的壞女孩嗎？她變成那樣，其實也是不得已的，我認為原因之一就是「成功教育」的惡果。那種假定自己的孩子都是天才、「有志者事竟成」的偏見和幻覺，使家長和老師無限制地給他們壓力，而這種無限度施壓的結果是：智力發展了，情感和性格變質了，人格傾斜了。好成績使他們不斷強化良好的自我感覺，而在其他方面又有很多不足。部分資優生的人格缺陷是很明顯的：什麼都要爭第一，什麼好東西都想要，得不到的東西就想毀壞、虐待，有破壞的衝動，自虐和自毀傾向由此滋生。這種「唯求成功」的欲望破壞了他們正常的生活秩序和愛的能力，使其成為「自戀者」，唯我獨尊，而不知「他人意識」為何物。天音的施虐和受虐傾向是很明顯的，因為在獲得成功的路上安徽，她受了太多的苦。

人的行為問題反映出心理狀態，而心理狀態不是獨立存在的，是和一個人的認知與道德水準有關的。分析人的狀態不可能把心理作為一個封閉的單位。天音的愛情行為反映出她施虐和受虐的心理傾向，也反映出她的自私和無知。所以，這種女生不是高高在上的女王，她們在很多常識問題上很無知。追根溯源，片面強調智力的教育教會學生謀生的本事，卻沒有給他們立身處世的基石。愛情是一個人綜合素養的集中表現，那些收獲愛情的幸福者不是偶然的，而是他們愛人的結果，而與愛情無緣者有很大一部分原因是他吝於愛人。一個最優秀的人可以靠智力生活卻不可能靠智力快樂，人和動物的區別是愛和被愛。

無論新思潮怎樣湧動，傳統道德對女性還是有保護作用的，我建議天音在今後的生活裡多安排一項內容：學會適時做一個弱者，體會小女人的心情，找個「鎮」得住自己的老公。

婚內篇

人們常以為婚姻是戀愛的終點、幸福的起點，但也許婚姻是痛苦的起點、快樂的終點。對於現在的年輕人來說，婚姻和戀愛的界線幾乎是模糊的。因為當婚姻的意義主體已非生兒育女、傳宗接代，而是為了幸福、傳統和生活方便時，對待婚姻、戀愛的立場和意識便有天壤之別。

如果認為所有的痛苦和幸福皆源於婚姻，那婚姻的責任就太大了。其實，婚姻和愛只是人生中一個基本上算是必要的過程，因為婚姻的本質是創造生命，而創造生命的原始意義是生命的自我複製，也就是讓自己的生命得以延續。

性是人的本能，而婚姻是性的「通行證」。因為婚姻和性是關乎創造另一個生命的重大事件，所以人類對於婚姻和愛的嚴肅態度基本上是一致的。然而，隨著現代社會物質的豐富和精神的開化，婚姻最原始的傳宗接代的理念被顛覆了，現代人的性生活打破了婚姻的樊籠，遊走在愛情、婚姻、利益等多種因素之間，使得婚姻狀態也出現了前所未有的景象。

自我意識和他人意識

只有兼顧他人意識、堅持自我意識才是可能的，尤其是在被理解成應該是「親密無間」的婚姻戀愛中。

個案閱讀

因為太愛了，所以我們離婚了

一看就知道妮娜是現代社會典型的事業型女性，棕色碎花長裙配上白色緊身棉衣，使她顯得高挑，為她增添了典雅的風采。她是某海外駐臺公關公司的首席代理，年薪不菲，她卻顯得很不快樂。此次前來便是專為離婚事宜尋求心理支持的。

妮娜二十七歲。她的丈夫大她兩歲，是某管理顧問公司的經理，他們結婚還不到一年，吵罵甚至打架已成家常便飯。吵架是一種特殊的過程，吵架時人們情不自禁露出自己的真實狀態，藉由吵架的方式，人們可以說出自己早就想說卻又不敢說的想法。觀察吵架的過程，常常能發現許多意想不到的心理、性情。

「妳能告訴我具體的吵架過程嗎？」我想要知道的是吵架的誘因、情景和內容，因為這是了解他們相處狀態的有效依據。

妮娜說：「雖然我們經常吵架，但是『暴風雨』過後，連我們自己都弄不明白究竟為什麼而吵。比如，下班回到家後，我匆匆地換上居家服下廚做飯，不一會兒，汗水幾乎滴進了我的眼睛，油鍋熱了，我手忙腳亂，不由得火氣上升對老公叫喚：『你就不能打開冷氣嗎？』他聽後不但不覺得自己不夠體貼，反而十分委屈地說：『我又不是不願意幫妳開冷氣，我是不知道妳很熱呀……』見他辯解，我的火氣又大了一分，聲音又提高了：『你沒看見我在忙嗎？虧你說得出口，真是飽漢不知餓漢飢呀！』『妳囉唆什麼呀！我也沒閒著，不就煮個飯嗎……』

我從廚房衝出來，站到老公跟前，大聲地說：『你不稀罕，我也不想煮了，看你吃什麼！』隨之褪下圍裙和袖套，往地上一扔，罵罵咧咧，不肯甘休。老公的火氣也起來了。我們就你來我往地吼叫，誰也不肯讓步。最後，老公壓抑不住自己的怒火，給了我一巴掌。我一下子蹲在地上無法動彈，簡直不知道自己是心痛還是身痛，把頭埋在臂彎裡，悲傷得沒有聲息。此時老公似乎清醒過來，他轉身走進廚房，拿出一把菜刀，高高地揚起，聲淚俱下，悲壯地說：『妳對我這麼好，可是我卻不知好歹地傷害妳……我把自己殺了向妳賠罪吧！』

我更驚恐了，跳起來使勁奪下他手裡的刀，為他的『謝罪』感動得死去活來，我們又拉扯在一起，哭哭笑笑，又愛又恨，莫名其妙地悲傷著或者歡喜著。」

妮娜的丈夫是個近三十歲的男人，可是他太孩子氣。有次吵架過後，他進了自己的書房好久沒出來，妮娜推門進去，只見他躺在地板上抽泣，妮娜覺得哭笑不得。可是沒過一會兒，他的母親——妮娜的婆婆闖進來，氣急敗壞地對著妮娜吼：「妳在欺負我的寶貝兒子呀……妳在單親家庭長大，別把那種風氣帶過來。我的孩子我了解，絕對不會欺負妳，凡是有衝突就是妳不好……」妮娜一時氣血攻心，差點要暈過去，但是她撐住了，她是個要強的女人。

妮娜的婆婆走後，妮娜的丈夫感到很羞愧，他後悔夫妻吵架還把長輩牽扯進來。那一場衝突使他們「冷戰」了好久。

心理分析　怎樣給予？怎樣獲得？

我希望妮娜告訴我他們平時爭吵最常見的原因是什麼，說得最多的語言又是什麼。

妮娜說：「比如一個旅行箱放在地上已有多日，某天我想起了就對他說：『你就不能把它放到衣櫥上嗎？難道這種事也要我做？你是個男人……』他立刻說：『妳看，妳又責怪我了，什麼事情都是我不好嗎？』諸如此類的事情是我們爭吵的契機，其實並沒有什麼重大的、關鍵的事情。」

雖然沒有本質上的衝突，也沒有經濟上的糾葛，但是一點小事就可能導致一場「戰爭」。冷靜下來時，他們都認為自己是愛對方的，但常常無法阻止互相折磨的衝動。經常是在「暴風雨」過後他們的意識才能清醒，然後是互相安慰和道歉。他們無數次地陷入這樣的惡性循環：決定下一次再也不這樣互相折磨，但是下一次爭吵得更厲害。冷靜時他們討論：既然相愛，為什麼「戰爭」不斷，非要把離婚掛在嘴邊呢？真要離婚，他們彼此放不下；不離婚，他們又受不了衝突帶來的劇痛，於是他們商議：為了減少對彼此的傷害，他們決定分居。

雖然決定分居，妮娜還是放心不下，她說：「他太不會生活了，我走了，他怎麼辦？」

他們有很豐厚的薪水，有舒適、寬敞的住所，還有健康的體魄，但他們在無兄弟姐妹的獨生子女狀態下成長，對愛情的理解狹窄化，並因此丟失了人類有史以來最樸實也最基本的愛的能力。他們的困境在於，雙方都想付出自己的愛卻不知怎樣去給予，想得到對方的愛卻又不知如何去獲得。於是，愛和恨積蓄在心裡，成了滿罐的炸藥，一點小小的刺激就容易引發衝突。愛情在他們那裡已經失去了原來「給予」的含義，同樣個性鮮明的兩個自我的碰撞使得他們相處困難。愛情真正的意義在於接納，他們卻過分強調自我的感覺，在心理上過於緊張和防備，在語言和行為上過於誇張。愛情很重要的素養是「給予」，給出的是愛，收獲的也是愛。給出對方需要的，感恩他人對自己的付出，這是和諧婚姻和愛情的重要基石。

心理分析　愛無止境

詞典裡對愛情有學術而規範的解釋，但是人們對愛情有各自的理解。在講課時，我多次讓學生用自己的語言表達對愛情的理解，幾乎沒有人說的是相同的，可見每個人都有自己的愛情信念。愛情是人類特有的精神現象，愛情和性有關係，但是又可以脫離性和其他物質因素同時存在。愛情境界表現在：相愛著的雙方一旦有利益衝突，能夠捨棄自己而為對方考慮。雖然這並不普遍，但時有發生。在電視劇《大長今》中，閔政浩、皇帝和徐長今的愛情，已經可以說是「聖愛」的典範——為了照顧自己所愛的人的感受，可以犧牲自己的感覺。閔政浩覺得做皇帝的御醫對徐長今是更適宜的，是她想做的事，所以他寧願放棄自己對她的愛情，不惜被流放，不惜犧牲生命也要成全徐長今的理想，並稱這是他愛徐長今的方式。而皇帝也愛慕徐長今，但是他放棄了讓徐長今做後宮嬪妃的做法，而是讓徐長今當他的醫生。皇帝知道閔政浩和徐長今互相愛慕，他知道自己不久於人世，所以利用權力把徐長今留下來陪他，又同意了大臣流放閔政浩的建議。但是皇帝在臨終前把徐長今送到被流放的閔政浩身邊，皇帝始終是尊重徐長今和閔政浩的，沒有利用權勢對徐長今有半點非禮……

雖然這是電視劇，但也符合現實中人們對愛情的體驗和理想。我們之所以受感動，是因為我們嚮往這樣的愛情，而要達到這樣的愛情境界，卻需要努力。

愛情是需要表達的，一言一行、舉手投足都是注解。

我和他們夫婦雙方先後接觸了幾次，發現他們的情緒非常壓抑，甚至在對我講述自己心情的時候都是激烈的、氣憤的，而這種偏頗、激動的心情就是情緒壓抑的結果。造成這種壓抑的原因是負面情緒的累積。當他們勞累了一天回到家中，本該互相安慰好讓彼此輕鬆，可是他們失去了這種興趣，甚至難以做到以禮相待，而是以習慣性的斥責與質疑的口吻說話。正是這種挑戰性的語氣扼殺了彼此正常溝通的可能，代之偏激的爭吵。久而久之，建立親密關係的願望受到挫折，愛的衝動被堵塞，而負面情緒日積月累，到了一定程度後，任何風吹草動都可能引爆「戰爭」。這既是使他們感到痛苦的原因，又是他們在那種相處方式下必然的結果。

在與他們的接觸中，我也感受到了他們的焦慮。我可以想像妮娜作為首席代理與其丈夫作為經理在工作中的繁忙與緊張。這種狀態在現代社會快節奏的工作與生活中也許是常見現象，他們的爭吵很大意義上是透過大聲叫喊來宣洩，從而減少自己的焦慮感。他們所謂的「愛」，在某種程度上是依賴，「有你，我才能吵」，互相宣洩是他們關係中的特點與習慣。然而，過度地宣洩就成為攻擊。

他們各自按照自己的邏輯在愛對方，但其實更愛自己。他們的婚姻失敗了，不是敗於「太愛」，而是敗於「不會愛」。愛情是一門藝術，集中反映出一個人的綜合素養，懂得愛的人愛人也自愛，不會愛的人傷人又傷己。愛情是一門終身的學問。

透視「親密接觸」

人們在走向獨立和自由時，也在走向寂寞和孤獨。當我們習慣了「自主」的精神和「自主」的生活時，反過來便不堪忍受以「干預、控制和侵犯」為代價的男女親密關係。

個案閱讀

夫妻變成情人

五年前，林先生去美國留學，在那裡完成學業、娶妻生子，現在「衣錦還鄉」，落戶在臺中，進入資訊技術行業。妻子紅虹比他晚一個月回臺灣，正當他欣喜地沉浸在舉家團聚的喜悅之中時，紅虹卻提出了離婚的要求。林先生認為這可能是因為紅虹的娘家人干預了他們的婚姻，因為紅虹的母親曾經和他們共同生活過，對他的印象不好，而紅虹似乎也默認了這樣的說法。林先生很努力地想要挽回關係，紅虹卻很堅定。紅虹認為離婚是她必須堅持的，至於離婚後怎麼樣，還要看未來的發展，林先生因此懊喪萬分。

當年在美國時，紅虹懷孕後，林先生被調到另一座城市工作，而紅虹則因為工作不好找而只能留在當地。當時林先生面臨的選擇是要麼放棄原來的工作，留在紅虹身邊重新找工作；要麼把懷孕的紅虹隻身扔在那座城市，自己遠走高飛。焦慮不堪的林先生選擇了離開，他背負著更深層次的生存壓力，忍痛離開了紅虹。他知道紅虹的艱難，在異國他鄉懷著孩子孤獨地工作，但是他堅持了自己的選擇。直到分娩前夕，紅虹才轉移到林先生所在的城市，準備「坐月子」。紅虹把母親接到美國，照顧他們母子的飲食起居，而林先生仍然在為自己的事業打拚，幾乎完全沒有盡到一個丈夫應該負的最起碼的責任。林先生反思，自己在那個階段的表現是極其不稱職的，由於生活負擔加重，他變得更焦慮了，態度生硬、脾氣暴躁，不但幫不上忙，還嫌別人煩。紅虹則總是承受，沒有語言衝撞，也不擺臉色，只是偶爾悄悄地落淚。

紅虹是一個非常典雅的女人，她的著裝看起來很隨意，卻處處透露著精緻，從式樣到色彩都讓人賞心悅目。紅虹回國後在外企工作，工作強度很高，她是一個成功而可愛的女人。她說話的聲音柔和、溫煦，這出乎我的意料。細細地聽紅虹道來，竟是別樣的心情，她的苦衷更是感人。紅虹在美國才認識林先生，感覺他是個很有「男人味」的男人。他們迅速地相愛，迅速地「性」，又迅速地結婚，而且他們竟是對方的「唯一」！如此高齡的「金童玉女」實屬罕見，他們彼此大為唏噓，然而婚姻也因此產生諸多不便。即使是在還沒有分開的日子裡，紅虹對林先生也是既依戀又害怕。在她的眼中，林先生是個「暴君」，他可以無緣無故地發火，也可以沒有來由地「愛」和「性」。他是個完全自我的人，根本不顧他人的感受。紅虹舉例說，在她坐月子的某天，她的乳房很漲，可是乳汁出不來，母親拿著熱毛巾不停地搓揉，希望能夠把乳汁催下來餵嬰兒。天氣悶熱，紅虹和母親都很焦慮，大汗淋漓，像從水裡出來的一樣，林先生卻在他的電腦前對此視而不見。紅虹忍不住說：「去把冷氣打開吧……」林先生突然吼道：「妳當我很閒嗎？這點小事也來煩我！」紅虹不作聲了，扭過頭不讓母親看見她的眼淚，然而母親察覺到了女兒的委屈，明白女兒平時很受氣。女兒不說，母親也不說，但是短短一個月母親發現了很多：紅虹的心情總是很壓抑的，林先生卻是完全自我、為所欲為的。這也就罷了，最過分的是林先生時常有暴力行為，他心情不好、一言不合時，就動手打紅虹。然而，林先生動手過後就真誠地懺悔，對她越發地好，但他一次又一次暴行不改。

在美國時，紅虹表現了極大的容忍和耐心，她從不對家人說，可是母親在的時候，林先生居然忍不住又動手了，這不僅傷害了紅虹，還傷害了她的家人。但是，林先生根本不知道她的想法。

在林先生看來，紅虹是聽從了父母的意見才要離婚的，他認為他們是非常合適的夫妻，紅虹不過是迫於壓力而已，但是紅虹認為並非那樣。父母確實有過建議，但離婚主要還是她自己的主張，她理解自己的感情：雖然林先生很自私、很暴力，但是自己還是被他吸引。不願意離開他、願意忍受他是因為紅虹愛他，離婚是為了更合理、更公平、更自主地愛他。紅虹在提出離婚的同時也表示，假如他願意，他們可以在離婚後同居，一起生活一起撫養孩子……

林先生驚呼：「這是何苦，既然在一起，又何必離婚？這完全是多此一舉！」

紅虹卻認為這裡面有很大的講究：離婚是一張罰單，透過處罰給他一個機會，看他能否痛改前非不再暴力。假如他確實是愛妻、愛子、愛家的，他會珍惜同居的機會並努力改正。假如他不想同居或者同居後依然我行我素，解除同居關係比離婚容易得多。離婚後再同居從形式上看是一樣的，但是在心理的感受上有很大的區別，離婚使她有了更多的安全感，她可以隨時退出。在當前，紅虹是以同居和可能重婚作為離婚的承諾。紅虹認為假如現在不趁勢離婚的話，今後再提出會很困難，因為她確實感受到這樁婚姻對她造成的傷害。

心理分析

人格衝撞和心理協調

「第一次親密接觸」曾是男女的「口香糖」而久嚼不厭，渴求男女親密無間，渴望「性」的自主，追求個人領域的自由成為他們的迫切要求。然而，短短幾年後，人們已經反思「如何界定情感距離」。雖然這只是一部分人的最新感受，卻展現了他們的精神內涵，他們在追求更加符合生存、發展和自我實現的情感表達和存在方式。這是一種心理成熟和人格成長的表現。當然，其中不乏困惑、迷惘和痛苦的感受，以及極端心理和偏激行為，但總體上說，這可以算是一種「愛情革命」和「人性革命」。

第三次諮商時，兩人同時在場，雙方客觀地表達了自己的真實想法。我認為問題的焦點在於林先生的暴力行為，而這並非如紅虹所想的那樣——靠離婚或者同居的約束可以矯正，家庭暴力需要心理治療。

林先生的智商很高，「雄性係數」也很高，但他是一個性格偏激、具有侵犯性的輕微人格障礙者，這和他的成長背景有關。他的父母關係失和，長期情緒低落、沮喪，他們自顧不暇，完全沒有心思去關愛自己的孩子。林先生是在被忽視、被冷落，長期受壓抑的環境中成長的，所以他沒有愛他人的體驗和能力。他又是初戀成婚，對妻子、對家庭只按照本能和習慣行事，所以他是粗野的、自私的，與現代婚姻對丈夫的要求差得很遠。紅虹的父親是當地名校的校長，對家人有強烈的責任感，對兒女過分保護和寵愛，使女兒既很懦弱又很依賴。遇見「粗野」的林先生，紅虹很快就被吸引，以至於放棄自我保護。他們的性格組合是「東風壓倒西風」，以一方的容忍和另一方的霸道為結合點。假如沒有暴力，也許他們是一種「願打願挨」的平穩狀態，但是他們都太偏向極端了，所以「壓迫和被壓迫」就發生了。假如林先生能夠以此為鑑，真正重視紅虹的感受，並能夠積極改變自己，他們的關係是有望恢復的。因為他們都認為自己是愛對方的，只是不知道怎樣愛而已。

心理解碼　愛情的身體距離和心理距離

有一個媒體記者告訴我，她並沒有對丈夫變心，但是生了孩子以後出現一種很奇怪的心理：丈夫在身邊的時候，她常常覺得有點煩；丈夫出差遠隔千百里時，她覺得很自在。每天都有電話問候，通電話時，她的快樂是真誠的，對他的思念也是由衷的。她懷疑自己的情感是否出了問題，不知道為什麼自己會有這樣的心態。不僅是她，還有很多人有類似的情況，有些人甚至認為這種婚姻狀況是「一個人太少，兩個人太多」。在這樣的心理狀況下，「週末夫妻」出現了，「夫妻變鄰居」的現象也出現了，「前衛派」的伉儷為了讓愛情「保鮮」，毗鄰而居，有分有合，隨心所欲，招之即來，揮之即去……

總體說來，「從心理距離到身體距離」的界定是一種「私領域」的革命，人們渴望在兩人世界中有更多的寬鬆和自由、更少的羈絆和限制。與過往的追求意志和心理自由的區別是，這些人希望保持一定的「身體距離」，而這種心理現象是當下經濟結構和社會生活型態大幅變化的結果。對個體而言，只有擁有更多的自由和自主，個人的創造性和潛能才能更好地發揮。

女性在愛情中對男性的依賴幾乎是一種本能，這是人類生活型態演化使然，而女性的獨立精神是對兩性關係的歷史性突破。近現代以來，女性一直嚮往物質和精神獨立，前提是女性從沒有真正獨立過。紅虹曾經因愛而依賴、屈從，現在卻能為保護自己提出離婚，要求重新界定距離，脅迫林先生改變。紅虹不願意輕易放棄她需要的東西。因為她的堅持，他們離婚了，丈夫變成了情人，她卻由一個「弱女子」變成了主動者、獨立者，成了家裡的「東風」，而非被壓倒的「西風」。紅虹的工作之繁忙不是一般人能想像的，子夜時分，她還在開國際電話會議。很多像紅虹一樣的女性沒有時間去充分感受「感覺」，而她們超強度發揮自己的能力，以獲取高額報酬，卻失去原始的「女人味」。這就是女人害怕「親密接觸」的社會原因。錢壯了女人的膽，卻使她們不再那麼有「女人味」，這是一個不可逆轉的社會趨勢。女人有兩種選擇：繼續成長，改變心態；繼續「裹小腳」，蜷縮在男人臂膀下，對男人諂媚討好，換取所要的東西。

男人害怕親密接觸，他們只在得到前有「得不到」的焦慮；女人卻相反，她們有「怕失去」的焦慮，她們不太在意得不到，而害怕得而復失，一旦得到就指望天長地久。女人們對愛情「貪得無厭」，期望時時刻刻不分離。然而經濟地位改變了女人的愛情心理，使女人像男人一樣去「愛」和「性」，保持獨立的界定距離。這是好還是壞，需要由當事人自己去感受。

婚姻維護

面對丈夫「婚外戀」的蛛絲馬跡，她既無法證實，又無法證偽，也無法忍受，只能自暴自棄以離婚來逃避……

個案閱讀　丈夫行為可疑

四十歲左右的玲是公司裡的「老祕」，膚色偏黑，動作機敏，但顯然她是不善言辭的。「我……我想與他離婚！」第一句話還沒說完，她的眼淚已經掉下來了。為什麼要離婚？當她衝動地說出了自己的想法之後，心情又過了一會才平靜。對自己的衝動，玲似乎還有點歉疚。想到傷心處，玲的眼眶不由得又紅紅的。

玲的丈夫是某公司副總兼辦公室主任。長期以來，雖說夫婦關係淡淡的，倒也沒有裂痕；但是近三個月來，他卻像失了魂似的坐臥不安，甚至做出荒唐的事情來……

每天晚上該休息時，他卻要一個人留在客廳，等著一個女同事的電話。玲曾經費心費力地想聽他們究竟在說什麼，可是丈夫用手捂著嘴，話說得越來越輕。玲生氣了，不再等他，獨自一人上床先睡，可她又怎麼能入睡，聽著娓娓細語、竊竊笑聲，她心中泛起層層恨意。好不容易他回來了，看著他臉上滿足、欣慰的笑容，玲失眠了，丈夫卻渾然不覺，轉身呼呼睡去。

玲是個沉悶的、性格倔強的女性，不善言語，更不會吵鬧，生著悶氣，由著他去「打電話」，眼看他越來越不像話了，心中便生出了怨恨，她想離婚。

太離譜了！玲問丈夫那個女人是誰，他立即調出了公司同事合拍的照片，喜滋滋地說：「看，就是她，公司的人力資源部助理，不到三十歲，很討人喜歡的……」

玲說：「你小心了，別讓同事們說閒話。」

丈夫不以為意地說：「不做虧心事，不怕鬼敲門。要說的人，沒事也會找事說。」

玲認為凡事無風不起浪，並對丈夫說了自己聽來的傳聞：只因那位助理要減肥，買了減肥器械，上班時在辦公室裡做運動，有人認為不恰當，向作為公司主管的丈夫反映。丈夫認為只要不過分，還是可以繼續的，這就算認可了這種行為。但沒想到這下可惹了大麻煩，女員工們紛紛仿效，不知是真減肥還是做樣子，公司裡的女人都穿起了運動服、運動鞋，搞起了辦公室減肥運動。一時間傳言四起……玲聽了又著急又痛苦，這顯然說明他們的關係已引起了大家的注意，說不定什麼時候就「出事」了！聽了玲的話，丈夫依然滿不在乎，他堅持自己是清白的，直到發生了另一件更荒謬的事。那位助理在出差途中忽然想起有一個會議要改期，於是她打電話給她最熟悉、最親近的主管——玲的丈夫，讓其幫忙逐一通知與會人員會議改期。玲的丈夫忘記了自己的身分，逐一通知。他絲毫沒有意識到，這個會議與他毫無關係，會議改期的事也與他毫無關係。

玲看著丈夫「中了邪」的模樣，氣急敗壞地吵罵道：「你這是昏了頭，你不要臉我還要呢，這可鬧笑話了……」

玲是個倔脾氣，受不了這樣的事情，提出了離婚。女兒同情母親，認為父親「沒良心」，自從女兒睜開眼，就見到母親天天在照顧爸爸和她，沒享受過一天清閒日子。在女兒的支持下，玲正式提出離婚。那天丈夫在出差，乍一聽玲提出離婚，以為玲在要脅，等弄明白了玲是真的想離婚，他恐慌極了，再三勸玲別衝動。他苦苦地向玲請求：「別把我推出去，請拉我一把。我需要家，需要親人，需要幫助……」

心理分析　手機的祕密

丈夫的哀求使玲猶豫了，但是她仍然難以回心轉意，她有種被遺棄的感覺。

做這樣的心理諮商，他們夫妻的性關係如何是值得關注的一個重點，也是了解「情變」心理原因的關鍵點，要弄清楚丈夫對助理的渴望是性的需求還是情感補充，抑或是性格的合拍

「這個，真不好意思說出口，我一直是『性冷淡』，為了不過分勉強我，也是為了體貼我，他經常自慰，以前他也曾開玩笑似的警告我：『妳拒絕我，以後可別後悔呀！』」

我還想了解，提出離婚後，丈夫現在的狀態如何。

「他不再那麼躁動，電話也少得多了，但是變得怪怪的，經常一個人呆呆地注視著手裡的手機，一不留神，就錯撥到助理的手機號碼。我相信他不是故意的，我曾聽到過他自言自語地說：『咦，怎麼又是她？』」

玲知道這手機是那位助理幫忙買的，也知道她手中有一支一模一樣的手機，但是她不知道丈夫握著手機撥錯電話的原因，也為自己目前的處境而惘然。她不知道提出了離婚後，下一步又該怎麼走，更讓她耿耿於懷的則是丈夫為什麼會「情變」！

玲的丈夫自述自己工作緊張，妻子長期「性冷淡」，彼此性格差異大、共同語言少，孩子進入青春期，變得叛逆，對自己抗拒。至此，在走向成功之路上累積起來的負面情緒急切需要一個突破口宣洩……他身為公司的主管，長期以來是嚴以律己的，然而他有可能是憂鬱的、疲憊的、焦慮的。為什麼女人見了憂傷、焦慮的男人容易動心？這除了給女人奉獻與征服的機會外，也因為這樣的男人容易被征服，憂傷的表情常洩露了他們情感貧乏、空虛的狀態。

玲的丈夫與人力資源助理也許在生理、心理、情感上都有趨近的潛在需求，由於工作的便利，他們有了頻繁接觸的機會，下意識地親近起來。但是，這種親近是「超意識」的，並不為他們的意識所認同，並非他們主觀的選擇，也並非他們思考的結果。「手機現象」就是在這種潛意識的支配之下，本能流露出來的情感傾向。這也是我們要破譯的心理密碼：這是一種「心理投射」作用，具有「移情」的意義，這種借物喻情的投射過程是心理壓抑與衝突的結果。在理性與情感的衝突中，玲的丈夫傾向了理性，但情感企圖衝破意識的控制自由地躁動。在無法協調的情況下，他只能扭曲地、折中地握著與對方相同的手機，平息自己的躁動。當然，這種「扭曲」的好處是使他免於陷入更大的難堪。與理性相比，情感是更直接、更本能的，但人類的情感已演化到與認知、社會和生物等諸多因素交織在一起的文明程度，情感已被看作是自我、認知行為、社會行為和生物行為的綜合的、必要的表現。因此，呈現在情感層面的已不僅是情感問題，解決情感問題也涉及一個人的整個人格系統。

心理解碼

心理「出軌」的意義

隨著年紀增長，由孤獨而帶來的痛苦越發明顯，憂傷之情由此而生。這時，人們大多會意識到：由愛情而產生的婚姻可能不會持久、孩子們遲早要離開家庭、自己的事業終將結束、自己珍愛的自我形象也必將改變。生活中失去的東西實在太多，為了彌補這種「失落」，人們常常情不自禁地有了尋找情感與愛的渴求……

我把我的感覺分享給玲。在我的心裡，這是一個有趣和令人溫暖的案例，他們夫婦也是一對可愛的人。無論丈夫出於什麼樣的心理，但有一點是可以確定的，即他們還沒有身體上的接觸。玲的丈夫和助理都還沒有確定彼此心理上的愛慕，更沒有到要去實現愛慕的程度，所以他們的行為雖有些不可理解，卻並未像世俗理解的那樣有「出軌」行為。假如他們已經撩開道德的面紗，確定彼此的愛情，並且已經付諸行動，那麼他們就不會有溢於言表的神情，而是會竭力去掩飾這種關係。身心已經得到一定滿足的地下情人之間是會掩飾這種關係的，而跡象明顯、心神不定往往是在男女關係發展的初期階段。玲察覺得早，挽回婚姻的可能性更大。

玲仍然很焦慮，但我告訴她，她的丈夫是一個「大好人」，是一個負責任的丈夫。他正面臨人生困境，玲應該拉他一把，而不是把他「逼上梁山」。我建議玲回去後認真地、心平氣和地找丈夫談話。

其一讓他明白自己的心情：他是喜歡那位助理的，但要「見好就收」。可愛的女人很多，但是她不屬於他，和他沒關係。

其二讓他明白自己的處境，謹防桃色新聞的殺傷力。

其三讓他認真思考：即便他有可能離婚再娶，對方有可能扔下幼兒嫁給他嗎？他忍受得了離開妻女的寂寞嗎？他能承受因婚變引起的所有心理壓力嗎？假如最終無法「修成正果」，只成為地下情人，他能「勝任」嗎？

把這一切都考慮過了，也許他就知道自己該怎樣做了。

後來，玲收回了離婚請求。她也認為，丈夫只不過剛伸出去半隻腳，把他拉回來比推出去更容易，何況她是愛他的。

再後來，玲告訴我說，她甚覺奇怪，自從夫妻鬧了矛盾，她的性慾比以前強了很多。也許，那是因為遇到緊急情況，她沉睡多年的身體甦醒了，醒得真及時。

婆媳之爭

婆媳是天生的冤家，這是因為母親太愛兒子、妻子太愛丈夫……

個案閱讀　高管妻子和鄉下母親的「遭遇戰」

三十八歲的杜先生總算結婚了。在這之前，他一直在努力經營他的公司。直到功成名就，置了別墅，買了「BMW」，他才「眾裡尋她千百度」，把比他小十五歲的新娘娶進門。

杜先生從小就沒了父親，跟著奶奶和母親過日子。他的母親習慣了鄉下生活，奶奶去世後，母親為照顧鄉下的外婆，更是不能來都市了。母親一直催促他結婚，他屢屢推說沒有合適的對象。現在，他結束了「閒雲野鶴」的生活，開始當「前鋒」男士，只因他娶了個外企的高階主管！

母親為兒子的婚事手舞足蹈，她從鄉下趕到了杜先生家，一心一意要陪兒子媳婦過日子。在兒媳西娜的眼中，新婚家中來了個鄉下婆婆，類似於大觀園來了個劉姥姥，況且還不如劉姥姥會逗趣。一大早，杜先生的母親就起床，趕著熬粥、做點心，又叫他們起床。她哪裡知道，職場人士晚睡晚起，「早上」的概念和鄉下人完全不一樣。

無論小倆口多晚回家，杜先生母親房裡的燈總是亮著，讓人覺得她在窺探家中所有人的一舉一動。杜先生看見西娜不滿的表情，幾次對母親說：讓她自己睡，別多操心。在這之後母親房裡的燈不亮了，可是有一次西娜卻被從門縫射出的婆婆的目光嚇了一跳。

沒多久，西娜覺得這不是家，這裡時時有窺探的眼和提防的心。杜先生的母親越看越心冷，他們怎麼寧可買冷凍食品回來在微波爐加熱，也不吃她做的飯；怎麼可以不吃隔夜飯，吃不完就倒掉；怎麼可以早上賴床、晚上熬夜……杜先生的母親越想越生氣，覺得這不像個家，自己的媳婦繃著臉，不正眼瞧自己。西娜則覺得，家現在像個冷凍庫，做什麼都麻木不仁。她忍不住了，對杜先生說：「我和你已經有代溝，和你媽又隔了一層，不怨誰好壞，這日子是沒辦法過了……」

杜先生職場得意，卻被這小小的家務事困擾得頭昏眼花，他既不想讓妻子生氣，又不想讓母親不滿意，想來想去，只有一個辦法，就是出個高價，把鄰居的房子買下來，讓母親單獨住，住得近，有事可以照應，又不互相打擾。這樣好是好，就是得多花錢，可是為了過得舒心，西娜也認了。但杜先生的母親很痛心，認為：「因為她嫌我，兒子竟花那麼多錢，莫不是她有什麼情況？」這樣想著，杜先生的母親打消了回鄉下的念頭，要查個水落石出。

房子終於裝修好了，杜先生的母親住進了新家，卻不肯交出舊家的鑰匙，理由是：兒子是我生的，這房子我怎麼不能進？西娜想，只要分開就好，有鑰匙也沒關係，偶爾來來，也是人之常情，也就罷了。沒想到，有一次杜先生出差，西娜子夜時分剛入睡，被一陣輕微的聲音驚醒，矇矓間睜開眼，竟看到一張滿是皺紋的臉。

「啊……」大驚失色的西娜躍然而起，半天說不出話來。杜先生的母親說：「我不放心妳一個人在家，才過來看看，打擾了……」

杜先生的母親蹣跚地走了，西娜卻再也無法入睡，她在電話裡對遠在千里之外的杜先生吼道：「你再不回家，我就要和你離婚！」

走在社區的草地邊，西娜感覺人們在嘲笑她是個壞媳婦。面對婆婆，她對自己失去了信心。家已經無法使她安心而是讓她焦慮，她的精神一天天地憔悴起來。

杜先生是深愛西娜的，他也愛自己的母親，可是這樣的「代溝」實在難以跨越。他雖不善言辭，不過他知道這樣的問題不是靠說就能解決的。於是，他採取了逃避的態度，靜觀其變。

週末的夜晚，他們早早入寢，西娜昏昏欲睡，杜先生的激情趕走了她的睡意。她微微睜開眼，只聽她「啊」的一聲大叫，急欲從床上跳起，她似乎看見了杜先生母親的臉……杜先生奮力抱住了西娜，在他的安撫下，她總算恢復了平靜。她甩甩腦袋，想拂去眼前的幻覺，她慶幸眼前不是杜先生的母親，而是她親愛的杜先生。風波結束了，可是激情也不復存在了！西娜失去了與杜先生做愛的「性」趣，她甚至厭惡做愛，因為杜先生的臉實在太像他的母親，這種相似引發了西娜的恐懼，她失去了「愛」的能力。

夫妻生活越過越彆扭，西娜提出回娘家小住，以觀後效。杜先生的母親甚覺無趣，終於放棄了對兒子媳婦的「關照」打道回府。杜先生深深地嘆息，打發一天天甚是無奈的日子。「難道我只能如此嗎？」杜先生向我發問。

心理分析

新生活和舊倫理的擠壓

新婚的歡樂終究敵不過深邃的代溝和巨大的城鄉、東西、古今文化的差別，以自我為中心的新生代子女在傳統的家族倫理、習俗的干涉下，已經焦頭爛額。婆婆依然是她的婆婆和杜先生的母親，可是西娜的心裡已深深地失衡了。

婆媳本是天生的冤家，何況是如此懸殊的婆媳。婆媳之間的「戰爭」是女人對男人的爭奪，緣於母親太愛兒子和妻子太愛丈夫。無論在什麼時代，這種爭奪都會永遠存在。現代獨立小家庭的生活方式淡化了這樣的爭奪，一旦密切接觸，婆媳的衝突將是空前激烈的，因為同樣是代溝，兩代人之間在生活和理念上從沒有出現過今天這樣大的差距。新生代子女與國際接軌的狀況所造成的對傳統文化的衝擊，是以往任何時代都無法比擬的。我們去理解這樣的世代衝突，是為了在方式上和心理上主動避免激烈衝突帶來的痛苦，而非任其自然發展。婆媳關係不好，癥結完全在兒子和丈夫身上。杜先生在態度上要有個明確的傾向，要勸阻母親過分干涉的行為，也要說服妻子適當忍耐，假如杜先生能夠給她們雙方他是愛她們的這樣的資訊，她們就會平靜許多。

每一種愛都不相同，因為關係的性質不同；每一種愛又都相同，因為貪愛的心情是相同的。夫妻之愛和母子之愛不同質卻同量，所以婆媳之戰是永恆的「遭遇戰」，戰爭的決定因素是兒子和丈夫。杜先生的心態和能力是決定家庭關係的關鍵。

心理解碼

「皇太后」們的恐懼

「宮廷戲」曾一度盛行，人們愛看的原因是「宮廷戲」其實是一部錯綜複雜的大家族倫理劇。「宮廷戲」大都被演繹成了皇太后、後宮妃子和皇帝的爭風吃醋劇，皇家生活本來就是有吸引力的，何況是宮廷爭鬥。皇家生活引人入勝的另一個原因是情感已經不單純是情感，而是和權力很緊密地連繫在一起：爭鬥也不僅僅是輸贏，而是刀光劍影、生死存亡。「宮廷戲」裡最常見的是「母黨」和「皇黨」之爭，爭鬥的焦點卻是皇帝的愛情：皇帝偏愛誰，誰就倒大楣。

假如我們認為皇太后是因為情感上的原因和皇后、妃子吃醋，那就太小看皇太后了。她們恐懼的不是哪個女人，而是皇帝的「愛情」。因為只有產生了愛情的皇帝才可能「愛美人不愛江山」，這是關係社稷安危的大事。此外還有一個更直接的理由：有了愛情的皇帝會反抗皇太后的控制，進而引起皇太后的恐懼。

大概皇帝是只能聽一個女人的話的，他做不到既聽從愛妃的，又聽從皇太后的，所以他只能把自己當成兩個女人較勁的場地。其實仔細想想，並非皇帝無法左右逢源，而是他身邊的女人們不肯甘休，很極端地不是魚死就是網破，而且編劇一定是這樣安排：

皇帝愛的是皇太后恨的，皇太后安排的則是皇帝不喜的，這樣充滿悖論的情節才有戲劇張力。

追根究柢，皇太后恐懼的是自己的權力和個人意志受到妨礙，她把個人意志和社稷安危混為一談。社稷和列祖列宗只是幌子，個人感覺和私欲才是最重要的。七情六欲權為首，權力意志是最廣、最深的自我實現，皇太后愛權、弄權勝過一切。在西方中世紀的宮廷裡，皇族統治者不畏懼晚輩的性混亂卻反對愛情，因為他們能明白地感覺到愛情的「破壞」作用。

雖然很多人認為，在男權社會裡女人是注定的弱者，然而皇權和族權的堅定維護者是女人。這就是傳統文化留給我們的感覺。

很多人都說母愛無私無邊，其實母愛是有私心和有條件的。母愛的私心表現在兒子必須聽從她，條件是將來指望他替自己養老。無論是皇太后還是隔壁歐巴桑，對後輩的期望都是一樣的。假如長輩能夠更開明一點，不要給孩子那麼多壓力，那麼親子間的關係和心情一定會大不相同。

「受虐」的功能

為什麼一位聰明美麗的女人願意被虐？因為她以為「受虐」可以換回她所渴望的東西，或者說「受虐」可以給她一些安全感……

個案閱讀　終於覺悟了

西琳是一位年薪頗豐的管理者。在她精心的妝飾與得體的舉止下，我仍然看出了她的緊張與焦慮。儘管她的工作繁忙，她還是特地請了半天假前來諮商，她說自己陷入了非常糟糕的境地。

前幾天，西琳因病休息在家，見丈夫與前來幫忙的年輕保母在客廳裡竊竊私語了好久，等保母走後，西琳小心翼翼地詢問他們都說了些什麼。不料丈夫像老鷹抓小雞似的把她從被窩裡拉出來，扔到了臥室外，罵道「看妳再管我的閒事……」，然後砰的一聲關上了臥室門。西琳被扔在那裡，嚇得牙齒直打架，只覺得心中湧起一陣陣巨浪，撞得心口發痛，想要嘔吐。陽臺就連著客廳，死的念頭掠過她的腦海。但此時，三歲的兒子出現在她的眼前，兒子悲哀而乞憐的目光打通了堵塞在西琳胸口的絕望，使她喘了一口氣。這時，西琳才終於恢復了感覺，伏在地上嚶嚶地哭出聲來……這樣的遭遇已非一兩次，每次西琳都陷於驚恐、絕望中，可最終她還是放棄了反抗。她既沒有尋死，也沒有吵鬧，而是選擇了在門外求饒，等上幾個小時，然後丈夫才滿臉不屑地放她進去……

西琳絕對不是個生來便喜歡被虐待的人。大學時期，同學們稱讚她是純潔、美麗的天鵝。她是眾多男生心目中聖潔的「白雪公主」。臨畢業時，剽悍、勇猛的籃球隊隊長以其木訥的憨態與獨特的求愛方式——在生日「派對」的舞池中當眾親吻了她——獲得西琳的芳心。一年後，他們結婚了，其後的兩年是西琳事業的巔峰時刻，他們引進風險投資創辦公司，雖勞碌奔波卻形影不離。但是由於缺乏經營公司的經驗，公司面臨破產，他們也產生了分歧，丈夫希望撐下去度過難關，西琳卻認為應該關閉公司，出去上班。他們的公司最終因撐不下去而倒閉。西琳因形象優勢與優秀的外語能力，很快便成為外商公司的中層管理人員。丈夫因一時沒有合適的工作而在家待業，夫妻關係因此變得敏感並出現裂痕。丈夫因為自己成了靠西琳養活的「軟飯男」而陷於憂鬱中，他認為都是因為西琳當時沒有積極配合他，才使他陷入如此尷尬的境地中。他因此常沉著臉，遷怒於西琳，給了她很大的壓力。

對於他們而言，錢是個敏感的話題。每個月領到薪水後，西琳只留幾張鈔票給自己備用，其餘的盡數交給丈夫讓他自由支配。丈夫很快便適應了這種生活方式，每個月掌控著西琳的大部分薪水，過著衣食無憂的悠閒生活，還找了年輕漂亮的保母來家裡做鐘點工。為了讓丈夫高興，西琳一心只想把工作做得更好，她並不在乎丈夫與別的女人過往甚密，雖然她也不知道自己是出於什麼心態：究竟是故意逃避還是無意忽視。但是，在臨近春節的時候，西琳忽然有了警覺，懷疑丈夫心存不軌。

要過春節了，西琳想從薪水中拿出一些錢送給母親，讓她過個寬裕的新年。丈夫立刻沉下臉來，顯出一百個不滿意。這令西琳起了疑心：他為什麼會這樣？他怎麼可以這樣？再後來，她又發現丈夫與保母的眉目神情都有些異樣，自己與丈夫卻顯得越來越生分，西琳這時才對自己的生活狀態感到不滿意。她試圖改變現狀，努力與丈夫溝通，同時不想把大部分薪水上交，但是為時已晚。

心理分析

心情在暴力中異化

丈夫發現西琳有「反抗」的念頭後，便製造事端，採用辱罵、暴力等方式對她進行身心虐待。每次衝突後，西琳都悲慟欲絕，但想到年幼的兒子，她又每每忍氣吞聲。遭遇暴力不抵抗，施暴者也很不是滋味，他們夫婦雙方的心理都在扭曲、異化。

西琳習慣了以受虐為代價獲得他的諒解，因為丈夫施暴後往往是以身體語言來撫慰她，這是西琳得到刺激與快感的一種來源。但是時間久了，西琳終於醒悟了，不甘再遭受蹂躪，她希望改變現狀，因而尋求心理諮商。

丈夫的暴力為什麼會愈演愈烈，又是怎樣讓西琳在心理上接受，這是值得分析的。西琳覺得丈夫的不愉快和她的成功有關，是她的職業成就羞辱了他。她能夠理解沒有工作的男人自尊心會受到傷害。但是西琳的內心也很矛盾，她認為：「我沒有辦法放棄工作，我們要過日子呀！」西琳為此千方百計地彌補自己的「過失」，想不露痕跡地保護他的自尊。

西琳的忍耐確實是有「獎賞」的，施暴後的丈夫有時會像一個父親或者大哥，撫摸著妻子的腦袋，輕聲地安慰她、親吻她、緊擁她，乞求她的原諒，責罵自己負心。然後，西琳就會被感動，伏在他的胸口，因這終於到來的赦免痛哭不已，像受了委屈的孩子看見了父母的微笑那樣。而此時，丈夫的鐵石心腸似乎也被軟化了，恨不得自己變成一頭小羊，讓妻子拿鞭子狠狠抽打才能贖清自己的罪孽……這麼折騰一下，他們夫妻的性生活特別纏綿、刺激……

西琳只知道自己的痛楚與短處，還以為只有她一個人在過著這樣喜憂參半、莫名其妙的日子，其實這樣的女性並不少。有相當一部分女性，在丈夫的控制與「訓練」下變成了一個似乎願意受虐的人。透過西琳的遭遇，我們可見這類女性的心理過程：

- 自我保護意識，展現為對不同意見、觀念、行為的質疑、提問、抗議。
- 受到侵犯，被辱罵或者暴力干預。
- 投降、服輸、哀求。
- 被接納、受到鼓勵與讚許。
- 找到「好感覺」，被施暴者的懺悔感動。

經過幾輪循環，這種衝突與解決衝突的過程成為一種模式。時間久了，雙方情不自禁地陷入這個惡性循環，使這種解決衝突的方式成為生活習慣。最後，這種衝突過程在女性心理上被簡化為「為了得到丈夫施暴後的安慰和由此引起的身心刺激，寧可付出被暴力侵犯或心理虐待的代價」的狀態。被虐心態因此形成，它是心理防衛機制在女性無奈地承受暴力侵犯時化被動為主動的心理調節過程與方法。在之前的歷次衝突中，西琳都是依據這個模式苦中作樂、苟且偷安的。更多時候，她是無意識地、身不由己地受慣性思維的驅使而「自討苦吃」。但這一次，她覺得自己受到了嚴重的傷害，丈夫事後的甜言蜜語已遠不能彌補她病中受到暴力侵犯導致的身心創傷。並且，因為這次被侵犯，引發了她對自己生活狀態的反思：「為什麼我會落到這個地步？」

心理解碼　女性內心的不安

成功的女性越來越多，然而成功的女性常常對男性懷著歉意，這是封建倫理潛移默化的結果。暴力證明了這些男性處於弱勢地位，暴力證明了他們的絕望。

我們透過西琳的經歷，可以感知她是怎樣一步步後退，最後無奈地成為一個「受虐者」，也可以想像她丈夫的虐待本性是怎樣一步步被激發出來的。從表面上看，似乎是西琳在鼓勵和暗示丈夫來虐待自己，但是撇開現象上的因果互動，我們可以發現西琳無

「受虐」的功能

奈地承受虐待背後深層次的人格和心理弱點。這些弱點並非她個人特有的缺陷，而是作為第二性的女性的共同弱點。造成女性心態、行為弱勢現狀的文化與現實因素是深刻而廣泛的，並且具有連鎖反應。長久以來，男尊女卑的權力關係是造成目前女性特質發展的基礎條件，性別歧視是導致女性易於接受虐待事實的文化條件。性別歧視是一個龐大的壓迫體系，包括語言、社會、經濟、心理與政治層面的因素。不願屈從於男權社會規則的女性會遭受最嚴厲的矯正。男性的虐待旨在強迫她們服從，假如她們不接受甚至公然抗拒，就可能遭遇嚴重的欺壓。

科技社會的文明解放了女性的智力、能力，使女性能夠適應各種重要職位，但是未能全部或者大部分解放女性的心理和精神。西琳因其聰明、能幹賺得高薪，這本該是可喜可賀之事，她卻因自己的成功愧疚不安，並因此遭受虐待。她的丈夫一方面因妻子的才能而嫉妒得心理變態，另一方面卻心安理得地揮霍她創造的財富。他們正在不約而同地實踐「女子無才便是德」的封建倫理道德不是嗎？

人都是趨利避害的，為什麼很多女性甘願奉獻、甘願受虐呢？這是由女性既成的特質規定的：在動機上，她們更多是為孩子而忍辱負重，因為孩子對於父親與母親的意義是不一樣的；在需求上，她們更多是追求精神、心理和情感的滿足，因為她們難以直接以權力與行動滿足、實現自己，只能退而求其次，在丈夫的後面透過男性的力量實現自己的意志；在價值觀上，家、丈夫、孩子是女性體面的證明，是女性心理需求價值展現形式的外延，因此她們為了保存這個形式，不惜付出受虐的代價。我曾與西琳仔細地探討使她忍受虐待的心理成因，她描述道：「每當我下定決心離開這個家時，『孩子將沒有爸爸或媽媽』的念頭便會讓我很恐懼，還有就是腦海中兩人初戀時的甜蜜與快樂，我們有過那麼甜蜜的過去，我又怎麼忍心丟棄它？於是，我便想怎樣才能做得更好，總有一天能夠令他感動，找回以前的好時光……」

經過幾次這樣的探討，西琳終於明白了自己的心態，也明白了丈夫所作所為的意義。六個月後，她提出離婚，協議離婚不成，她又向法院遞交了離婚起訴書，同時搬出了那間房子。對她來說，及時醒悟還不算晚。

他有沒有外遇？

這是一個關於高學歷並不算成功的男性的「成功壓力」的故事。他用冷漠作為武器，消耗妻子對自己熱切的期望，以逃避自己「失敗」的沮喪……

個案閱讀

我收到一封郵件：

我是個四十歲的職業女性，在企業負責市場拓展和行銷。讀完大學後，丈夫一直沒有滿意的工作，是我拚命工作供他繼續讀碩士、博士。為此，我們的兒子現在只有三歲。他現在是企業的副總裁，壓力當然很大，但是他躊躇滿志、春風得意。他對我確實很好，周圍的人沒有一個不羨慕我的，都說我當初有眼光，押對寶了，我說自己是好人有好報。但是去年底，我發現他有明顯的變化：回家越來越晚，話越來越少，出差越來越多，情緒越來越低沉。有次入睡前，我突然嘔吐，咳嗽不止，氣都快接不上了，他卻表情淡漠地躺在床上毫無行動。他的母親起身為我清除汙物，然後我自己強撐著去洗澡。那時，我身體的痛苦淡化了，心裡的刺痛感卻越發明顯：我在他的眼中不過如此。這可以說是一個開頭，讓我更受不了的是他明知他的行為讓我擔憂和沮喪，他就是不解釋、不表示，採取迴避的態度。我是個急性子，受不了他這樣鈍刀子割肉似的折磨，就和他明說：「我受不了你這麼冷漠。」回想曾經的親密關係，心痛得幾乎窒息。我已經好幾個夜晚都是夜半驚夢，感覺他在外面有事沒讓我知道……

他起初耐著性子與我「溝通」，冷冷地辯解說他的工作壓力很大，大到我根本無法想像，說他從沒有過「花心」的念頭，與女同事、女下屬也僅限於工作交流。他讓我放心，不要無事生非，好好過日子、帶孩子。他的「表態」基本上是為我打了「鎮靜劑」，我也逐漸安定下來。直到有一天，我的一個閨蜜告訴我：看見丈夫和一個二十四五歲的女人一起在高爾夫球場……天呀，那一刻我覺得自己比秦香蓮還要命苦，只覺得世界一下子塌了，急得話也說不出來，我覺得難以置信！但是閨蜜拿出了拍下的照片。閨蜜解釋說，她本不想拿出來，怕我不信而繼續吃虧，便拍下了照片作為證據。

好不容易熬到晚上他回來，我怒不可遏地拿出證據和他對質，誰知他輕描淡寫地回答：「我打球是工作需求，又不是在床上被捉姦，沒什麼可激動的！」據他說，那是一

他有沒有外遇？

位重要客戶的代理商，有重要業務洽談。我又不知道該說什麼了，他答得很坦然，又沒有抵賴，我還能說什麼？但是我的心態崩了，照片中那個女人的臉一直縈繞在我的腦海中，怎麼甩也甩不掉。我想也許那是冥冥之中有誰在提醒我將要面臨的危機，於是我開始調查那個女人的情況：她確實是個代理商，單身，住在丈夫公司附近的賓館。我設法查了丈夫最近的手機通話紀錄，發現他和某一個手機號的聯絡特別密切，最多一天有六次通話。我撥通那個電話時緊張極了，生怕那是個女人。然而，電話那頭真是個女人，而且是個年輕的女人！我現在只剩下最後一絲希望了，我查看了丈夫本月出差的日子裡，他們是否有聯絡，結果是仍有通話的！我的心放了下來，有電話說明他們並沒有住在一起，假如沒有電話，就有可能他假借出差去同居了。

雖然沒有證據，但是我有感覺，他對我不忠誠。我現在如同活在地獄中，茶飯不思，人也瘦了五公斤，我太需要支持了，請您幫幫我！

紫煙

心理分析

四十歲男人面臨的誘惑

四十歲是男人的「多事之秋」，他們處在這樣一個階段：已經度過了婚姻磨合期，家庭生活基本穩定；孩子已經長大了，基本可以放手；自己的事業穩中有升，精力充沛而情緒飽滿；妻子逐漸變成生活伴侶，他們的心中時而會生出鬱悶和惆悵……此時的他們會本能地「張望門外」，玫瑰、雛菊、蒲柳、小草，只要落花有意，流水無孔不入。四十歲的男人是雄偉而寬厚的，他們很能包容，因為他們寂寞，但是他們是中庸的、保守的、膽怯的，一般不會為情、愛、性鋌而走險。

四十歲女人面臨的危機

四十歲是男性和女性在生理和心理上的第二個反差期。此時的女人在身體上已經逐步進入更年期，對性事逐漸淡漠，對丈夫的關懷減弱，心思全部在孩子、家務、工作上，對自己的生活狀態認同並習慣，因而失去了激情和由此產生的魅力。一個工作緊張的事業型女性把丈夫的愛當成了心理上的支持、依賴和習慣，卻很少意識到應該怎樣去更新、啟動這份愛。

紫煙的不安和情、性缺失有關係。女性更年期的婚姻危機是全世界都存在的問題，並非她獨自在承受。

心理解碼　給紫煙的建議

◆別把懷疑當成事實，沒有證據就當沒有發生。懷疑可以無中生有，進而毀掉一切。

◆做個有心人，如果有確實的證據，就據理力爭，合理談判，軟硬兼施，不到最後絕不放棄。

◆丈夫尚處在「調情」階段，還在「門口徘徊」，既不可放鬆警惕，也毋須焦慮，但要重視。

◆自己需要改變與丈夫相處的方式，更溫柔、更體貼，但是最忌諱和他「說理」。男人永遠說不過女人。

◆以「丈夫有外遇的十八個徵兆」作為參考。

・突然對妳非常好，噓寒問暖，似有歉疚感。

・對妳很冷淡，不願意多搭理妳。

- 對妳的指責增多，有時簡直是挑剔。
- 對手機「過敏」，過分在意。
- 通話時，會故意躲著妳。
- 特別在意著裝，左右打量唯恐不妥。
- 晚上拖延入睡時間，等妳撐不住睡著了，他才上床。
- 還沒等妳「示愛」，他先嚷嚷累了。
- 性生活明顯減少，甚至沒有。
- 經常晚歸，打他手機時，往往周圍一片寂靜。
- 消費增高、開支加大、出差頻繁。
- 沉默寡言，心事重重。
- 經常神情委頓、疲憊不堪。
- 拒絕和妳去購物、度假、放鬆身心。
- 不願見妳的父母。
- 拒絕透露自己的行蹤。

他有沒有外遇？

- 害怕和家人單獨相處。
- 在家的時間越來越少。

菁英女性的愛情懸念

女性菁英族群以過人的智慧和才幹取得事業的成功，她們自己的愛情花園卻往往是荒蕪的……

個案閱讀　愛我幾分，愛錢幾分？

心草是管理顧問公司的高級顧問，她捲曲而飄逸的長髮和粉紅色春裝令人著迷。大學畢業後，心草有過一次短暫的戀愛，已經單身五年了。後來，她認識了比她大五歲且離過婚的陳天，他們相愛了。心草有自己的房子，在足夠了解他之前，她不願意到他那裡去，所以陳天搬進了她的家。他曾經是公務員，總覺得自己沒有得到應有的重視，終於下定決心離職，去尋找自己的舞臺。他先在一間小公司做銷售，公司破產後又在廣告公司做業務，最後他煩了、膩了，覺得做什麼都不是自己所喜歡的，乾脆在家修身養性，做起了「居家族」，成為「自由職業者」。心草年薪豐厚，她並不在意陳天的職業狀況，也不問他對未來的打算。和他住在一起，下班回家有人招呼，有人心疼，噓寒問暖，心草就很滿足了。端午連假的前一天，陳天要心草請假，一起去百貨公司消費，心草猶豫了一下，還是同意了。心草想，雖然那裡消費水準很高，可是他這麼熱切地想去，也就成全了他吧！挑選完商品後，心草還想著他今天破費了，誰知帳單來時，他卻說：「我沒錢，妳買單……」

心草很吃驚，但還是把帳付了，她並不缺這些錢，只是心裡很不舒服。雖然沒有表現出來，但是她對陳天的印象變差了。之後，陳天更頹廢了，似乎壓根忘了找工作的事情，日常開銷卻越來越大，花的錢絕大部分是心草給的。心草對他不滿意，卻不知怎麼說才好，勸他去找工作怕他以為自己嫌棄他了，由著他這樣自己又受不了。心草是商務顧問，交友廣泛，難免有人會傳各種訊息。那天她收到了一條貌似曖昧的訊息，她沒有太在意，把手機隨手擱在桌上。陳天拿過去看了說：「妳自己小心了，搞定妳這樣的老女人可是很容易的……」心草立刻反駁說：「我還沒有嫌棄你這個老男人呢！你憑什麼損我？」

這樣的「忠告」令心草很受傷：「莫非他認為自己就是這樣搞定我的嗎？」想到這裡，所有對陳天的不滿頓時湧上心頭，心草失去了安全感，變得十分焦慮。

心草來找我時，神情沮喪。她說自己曾經勸陳天去找工作，可是他說為了愛情，他已經沒有精力去工作了……

當時，心草覺得這是愛情，現在想來，感覺陳天只是為自己提供「性服務」。心草憤憤地說：「難道他以為我只需要性嗎？」

心草確實是愛他的，喜歡和他在一起的感覺。她認為陳天也是愛自己的，可是他的「搞定老女人」的措辭以及由此產生的聯想使心草產生了嚴重的不安，她覺得他太過分了。但是真的要離開他，心草一時也做不到。

怎麼辦呢？

心理分析　菁英女性的農業社會意識

現代女性的社會地位不斷提高，可是在心理上沒能超越傳統文化和倫理的束縛，她們因此在傳統和現代的夾縫中焦慮。菁英女性的職場境遇和物質生活幾乎已完全與男性平等，她們也能接受自己的社會價值，但是在個人情感生活方面，她們常常顯得一籌莫展，她們的婚姻觀念還是停留在農業社會「男強女弱」的習慣心理狀態。

菁英女性的愛情懸念

由於自身的職業能力和社會地位已經很高，在沒有找到更強的男性可以讓她們依靠的時候，她們會默唸著「寧缺毋濫」，自我堅持。堅持不了，她們又轉而喊出「養花養草養老公」以顯示自己的強勢和豪爽。她們這樣的心理是可以理解的，她們在心理上尚不能夠適應自己的強勢地位，不能做到真正的心理、精神獨立，所以出現依賴態度更強勢的男性，或者藐視他們，把他們當作是依靠自己的弱者這兩種極端心理和行為。

男性在對待現代成功女性的愛情觀念和態度上也有「落井下石」的嫌疑，是他們推波助瀾，使菁英女性備受挫折。可以這樣理解：當男女兩性在社會地位和經濟地位對調的時候，男性也面臨著心理上的困惑，他們要解決的是男性優勢不再明顯帶來的地位「下降」的心理問題，而女性要面對的是職業能力突飛猛進使她們地位「上升」的困惑。男性往往在無意識間把這種困惑透過婚姻、戀愛轉嫁給女性。當他們在職場上難以成功時，「我不愛妳」就是他們給女人的最大挫折。一般來說，越是成功的女性，越渴望被愛，因為她們被愛的機率比一般女性低，所以她們常常只能自己去愛別人，並為愛受苦。

心草的愛情是失衡的，她在心理上具有明顯的優勢感，而這恰恰是愛情的最大障礙。愛情的本質之一是心理、人格意義上真正的平等。心草只有在心理上和男友平等相待，重新協調和陳天的相處方式，這份愛情才可能延續。透過和我討論，她準備這樣和他溝通：其一，希望他退回到原來的距離，回到自己家裡，想過來應該事先打招呼；其二，他應該盡快去找工作，而不是像現在這樣在經濟上依賴他人，在經濟上基本實行「AA制」。

計畫是有了，心草還是很沒信心，她生怕陳天說她勢利眼、落井下石，嫌棄他沒有工作。我認為她這是嫌棄他不想找工作，而不是嫌他暫時沒有工作。他在經濟上不依靠別人而自力更生也是應該的。公平的才是持久的，他沒有自己的獨立人格，像一個需要依靠他人的孩子，這樣的愛情能持久嗎？

心理解碼　「亂世佳人」郝思嘉

郝思嘉是長篇小說《飄》（*Gone with the Wind*）的女主角，她是美國南北戰爭時期南方莊園主的女兒。戰爭使她的家庭陷入貧窮，使她流離失所。然而，在父親去世後，郝思嘉作為家中的長女，帶領著家中的妹妹，親自下田種地，歷經磨難，重建家園，養活自己。同時，她還在如此艱難的環境中，充當了貴族青年衛希禮妻子、兒子的保護神，為他們嘔心瀝血，不惜一切代價。支撐她如此行為的，不是抽象的善的道義，而僅僅是她對衛希禮的承諾：她答應過衛希禮將保護他的妻子……

其實，郝思嘉並非一個忠誠於承諾的、守信的人，她是一個性格強烈、活生生的自我主義者。她在年少時可以因為一個團體的談話中心不是自己而扭頭就走；她也因為負氣而嫁給一個自己不愛的人；她甚至為了一頂心愛的帽子，屈尊與白瑞德套近乎。而在心裡，她是看不起白瑞德和他的錢財的。郝思嘉之所以為衛希禮做了那麼多，是因為她一直深愛著衛希禮。當衛希禮娶了韓美蘭為妻而不是她時，她雖負氣嫁給韓美蘭的哥哥查爾斯，但這種愛卻沒有消除。相反，隨著自己生活的顛沛流離，她對衛希禮的愛日漸強烈。小說就是在這樣的衝突背景中描寫了郝思嘉的命運與心理，使郝思嘉這個人物豐滿而可信。郝思嘉的這種愛情心理至今仍有典型意義，這是《飄》這部小說能夠經久不衰的主要原因。

衛希禮的妻子韓美蘭死了，郝思嘉在悲痛之餘心中卻生出了一絲希望、一些安慰，她認為現在衛希禮終於可以屬於自己了，雖然那時的她已經和白瑞德結婚了。

然而，衛希禮用寥寥數語打破了她的「愛情夢」，衛希禮對郝思嘉說：「韓美蘭死了，我也死了……」就在衛希禮顯露出他的懦弱與絕望的那一刻，郝思嘉才真正明白，衛希禮從沒有像她所期望的那樣愛過自己，而「衛希禮是愛我的」這樣的意識，不過是她長期以來用以自欺、自我安慰的一個虛幻的夢。

故事發展到這裡，作者沒有進一步探討郝思嘉的愛情心理，其實郝思嘉長期以來孜孜以求的，本非衛希禮這樣一個真實的人，而只是衛希禮的一個幻象。在這個幻象中，包含了一個女人的許多理想與願望：有對理想愛情的憧憬，有為愛情獻身的悲壯，有輸給了韓美蘭的不甘，有對現實生活的不滿意與逃避……衛希禮對於郝思嘉，早就成了遠處飄揚的一面愛情旗幟，帶著鮮明的愛情色彩，一直召喚著她不停地往前走，一旦走近了，她才發現那面旗幟並不是她所嚮往的那樣，那面旗幟只不過是她的愛情幻象而已。所以，有人說女人在還沒有愛上誰時，已經先愛上了愛情，女人需要在對愛情的憧憬中，奉獻、悲壯、自我感動、自我憐憫，而後使心智逐漸成熟。

與郝思嘉對衛希禮的「愛」形成明顯反差的是她對白瑞德的感情。他們在本質上十分相像，個性強烈、以自我為中心、意志堅強，對所欲之物志在必得。他們因此相互具有強烈的吸引力。但是，郝思嘉對白瑞德犯了與對衛希禮同樣的錯誤，她觀念先行、畫地為牢，不顧白瑞德愛她的事實，也不顧自己對他心嚮往之、身愉悅之的事實，堅持認為自己是不愛他的，屢次傷害白瑞德的自尊心。最後，郝思嘉發現自己愛的不是衛希禮，而是白瑞德時，白瑞德的自尊已經被完全摧毀了，導致他離家出走。

這是小說的結局和高潮，郝思嘉「雞飛蛋打，兩面落空」。但是小說的意義也在於此——郝思嘉終於明白自己究竟愛誰，她發現自己早就愛上了白瑞德，只不過她沒有意識到而已。這也是我們要討論的關鍵：意識常常改頭換面欺騙我們。常有女性對自己豎著警示牌：「我是不會愛上他的」，卻又身不由己日趨親密，猛然回首，才發現自己已經走得太遠。

郝思嘉的故事也揭示了一個簡單的真理：人們往往看重得不到的東西，卻輕視已經擁有的一切。郝思嘉是個堅強、聰明的女人，當她明白自己愛的是白瑞德時，她便發誓：「我一定要讓他回家。」白瑞德會回來嗎？相信每個讀者都有自己的答案。

男性世界的動盪

事實上，男性也需要關注，尤其是男性的生殖健康。某地區的男性生殖健康狀況調查資料顯示：男性在性關係上「退休」的平均年齡只有四十七歲……

個案閱讀一　被冷漠控制……

李生是某企業的銷售總監，收入不菲，再過一年就「三十而立」了，這是一個讓男士特別困惑的年齡。他從屏東漁港打電話找我諮商，其時月上樹梢，夏風隱隱，只聽他說道：「我現在在自家的花園裡，看著樓上的燈光，想像著妻子黯然的神情，覺得心頭特別沉重……」

就在這樣樹影婆娑、月光皎潔的夜裡，他傾吐了心中憋悶許久的煩惱。他的煩惱有點特別，他不理解自己為什麼困惑。

他和新婚的妻子都是一家企業的中層主管，被人認為是珠聯璧合的佳偶。然而，結婚不到一年，他便明顯感受到妻子的冷淡。他曾想以心中的激情去點燃她逐漸消散的溫柔，可是和她離得越近，他越是無法動彈，妻子的冷漠逐漸澆滅了他的熱情。李生非常困惑，不知道他們之間究竟發生了什麼。

冷漠與激情一樣，是最具感染力的。妻子沒來由的冷漠態度使李生的情緒每況愈下。妻子向他提出：與其冷臉相對，不如暫時分離，以檢驗彼此的心性。李生主動提出到外地的分公司去工作，其條件是每週飛回來一次「探親」。他們以為小別勝新婚，距離可以啟動「沉睡」的性，但沒想到本來就冷淡的心情加上時空的阻隔，再相聚時竟是若有似無，想拉也拉不住。

陰影占據了李生的心頭，他想放棄了，只能以「緣盡」來解釋他們婚姻的歸宿。然而，在若即若離的日子中，他發現妻子的活力正在慢慢恢復，尤其是在網路上，那神情、姿態，竟又如從前他相識的她一般。

妻子陷入網路愛情，李生更是無聊了，難道去對網路發難嗎？還是自己也去上網解悶？但是網路上的愛情遊戲畢竟不適合如李生這樣的人，他能洞穿這種虛幻的情緒，讓自己保持清醒。

但是，他苦惱，自己為什麼不會「吃醋」？又為什麼不會感到痛苦？「難道我失去感到痛苦的能力了嗎？」痛是人處於危機的警示訊號，沒有痛感的人，無法有效地保護自己。

妻子也許想以網路恢復激情，然而網路成了她逃避現實的屏障。

李生想順其自然，靜觀其變，卻不知自己日漸漠然。李生反省：「難道自己也失去了建立親密關係的能力嗎？」性對於他們，是多餘的晚餐。身體沒有了對異性的感應，心裡面一片茫然，果然是「人淡如菊」的境界，他們深感無奈。

我問李生：「你覺得妻子有外遇了嗎？」

「假如是這樣，她不會那麼無聊，我也不會如此困惑，一切都好解釋了。」在李生看來，有外遇是妻子身心功能健全的表現。

我又問：「你們想過離婚嗎？」

李生曾為此事徵求過妻子的意見，妻子說離婚太麻煩，假如李生不介意，不如將就著過。現實情況是他們雖沒有愛，但也不討厭彼此，更沒有仇恨，只是任愛情自然頹廢。李生的不安是：處於這樣的境地，他居然已漸漸適應了這樣的生活。再往後，日子會變成什麼樣呢？緊張地工作，冷冷清清地過日子，體面的服飾包裹著冷漠的心……難道往後唯一的娛樂就是在網路上漫遊、「柏拉圖戀愛」，疲憊以後離線，懷著深深的失落進入荒蕪的夢鄉？

個案閱讀二　由高到低的困難

芳和趙先生從二十歲起就在同一家企業工作，當年趙先生是企業的基層管理者，芳是出納。三年前，當趙先生親手簽下了場地的承包合約，說服了最後一名員工離開企業後，他把最後一張辭退通知書留給了自己。上級單位的主管說：「你是有功勞的，只要你願意，我們會對你負責到底的。」可是趙先生選擇了回家，他認為把員工們疏散回家，自己卻留在這裡混口飯吃，根本毫無意義，不如就此機會出去試著闖出一番天地。當年四十三歲的趙先生毅然離去，芳仍在公司做承包方的財務，她的收入越來越高，而趙先生在人力市場上轉了三年，三天打魚，兩天晒網，一直沒有固定的工作。老母親焦慮得夜不成眠，妻子的數落逐漸增多，兒子的開銷逐年提升，趙先生的情緒慢慢消沉。現在，四十六歲的趙先生沒有學歷、沒有技能，也沒有專業的管理知識，最重要的是他連力氣都沒有了。除了像原來那樣在一個小規模的公司當基層管理者，他還能做什麼呢？他曾經炒股，可是股市有風險，當僅有的一點錢也搭進去後，他灰心了。有一段時間，他天天在家下廚，養老攜幼相妻，可是他內心深處到底是無法認同這樣的生活的，當他心情糟糕到失眠時，他連丈夫的床笫職能也無法盡責了，夫妻關係從此更加緊張，妻子並沒有對他不好，可是他的狀態仍然很差。他的壓力來自男性主體的男權文化，也來自自己對自身狀態的不滿，他一直沒有認清事實，沒有接受自己的現狀，在心理上失去了「與時俱進」的勇氣，也因此被現實社會擊敗。經熟人介紹，他找了一份超市保全的工作，薪水並不高，可是他似乎找回了一點感覺，尤其是被上司稱讚：「你不愧是做過企業主管的，素養確實高！」的時候。

心理分析　兩性優勢逆向轉化

不斷發展的社會經濟改變了我們的生活狀態，也改變了我們的心理結構，人的壽命在延長，智慧在不斷被開發，然而性和激情在退化，生命力在逐漸萎縮。面對著被物質吞噬的人的精神與原始生命力，我們就理解了大衛．赫伯特．勞倫斯（David Herbert Lawrence）在《查泰勒夫人的情人》（*Lady Chatterley's Lover*）中呼喚守林人的良苦用心。

李生夫婦的性冷淡與麻木，主要原因是他們無限制地追求成功、升遷、經濟報酬，在高度緊張的壓力狀態下，透支了生命能量，破壞了情緒結構，抑制了人的自然需求與

男性世界的動盪

激情，以致失去了發展快樂本能的能力，陷入持續的冷漠、沮喪的心理狀態中。性冷淡、情緒低沉是生命力退化、生命品質下降的展現，也是物化時代人被異化的表現。

不僅是趙先生，大城市裡還有許多男性面臨職場發展的困惑和人生的巨大挑戰。由於整體社會經濟結構的變化和制度的改革，勞動力市場發生了深刻的變化，原先的平衡被打破了，人的心理也失衡了。事業和情緒的挫折影響了心理和生理的健康，並影響了男性的性健康。現代生活使傳統意義上的男性特徵不斷退化，資訊社會不再迫切需要農業時期的體力、工業時期的技能，而需要強大的記憶、靈活的操作、高品質的服務。這些幾乎都是女性的強項，為女性的職業發展提供了前所未有的機會。在這種前所未有的變化中，男性被迫接受了嚴峻的挑戰，他們需要重新適應自己逐漸變化的社會地位，並且接受這樣的社會現實。成功的女性越來越多，當成功女性不無驕傲地喊出「養花養草養老公」時，男性是覺得羞愧，或是理所當然，還是順其自然？俗話說：留得青山在，不怕沒柴燒。身為男性，只要擁有健康的身體、旺盛的精力和不言失敗的信心，生活一定會有轉機的。

心理解碼

不良生活方式和性能力低下

社會變革把一部分男性送上了雲霄，使他們成為「成功人士」，而把另一部分男性推出跑道，使他們成為臨時的「全職先生」。這些處在兩極的男性，都有可能沾染不良的生活習慣。有些成功人士似乎陷入了惡性循環，他們往往把時間花在飯店、賓館、茶樓、浴場和娛樂場所，人在交際場，心裡想的都是利益，「有家不能歸，夫妻成路人」。這裡面並非都有婚外情，更吸引他們的是錢。錢使他們人情淡漠、性事清冷，回家的次數已是屈指可數，而家中的「糟糠之妻」像乾枯的秋草過了時辰。她們有點像高級保姆，只負責管家、管孩子，身邊雖有老公的錢，卻連話也說不上，所以才有了經濟富足卻痛苦不堪的憂鬱貴婦。至於那些「全職先生」，他們拿著失業津貼，一個懶覺睡到中午，兩頓併一頓，從下午到深夜，打麻將、打牌，一杯濃茶，煙霧繚繞，大呼小叫，不亦樂乎……偶爾提早回家，他們也拖拖拉拉，直到老婆熬不下去迷迷糊糊睡著了，他們才進入臥室。不為別的，就是因為他們長期以來食宿無定，酗酒、抽菸，以致身體虛弱，「性趣」全無。他們收入低、身體差，看見老婆、孩子都害怕，惹不起躲得開，越逃越怕越消沉。

不良生活習慣會導致身體和心理的疾病，這是人們都已經知道的事實，可是人們知道具體的傷害程度嗎？有研究顯示：每天抽一包菸減壽兩年，每天抽兩包菸則減壽十二年。菸和酒都具有抑制性功能的作用，可是那些被追逐金錢的念頭所控制和因為生活不稱心而頹廢進而放棄自己的人，卻根本顧不上對身體的保養。久而久之，生理和心理都會出問題，而性功能的衰退，就是身心功能綜合衰退的徵兆。

心理百科

《失樂園》之性

渡邊淳一在《失樂園》中濃墨重彩描寫了性感受，以及那種因性而愛、因愛而性的互動過程，有邏輯地表現了人性和動物性的交融、衝突，並最終獲得解脫的過程。愛情是慾望的人性表達方式，但是人的特徵是趨利避害的，當被愛情誘惑到逼入絕境，在現實生活中已無路可走時，人的自毀是可以理解的。這裡面有兩種可能：一是相愛的人們希望透過死亡使愛情永生，並以愛情征服死亡；二是對現實生活無可留戀。這樣的愛和這樣的死，總是在非婚姻狀態下發生。《失樂園》描寫的殉情行為，雖符合邏輯的真實和心理的真實，卻不符合生活的真實，幾乎沒有人會因為這樣的愛情而不惜生命。文學作品的意義在於它可能喚起了人們的共鳴，並能引以為戒。這樣的作品在文學上具有審美價值，像一面鏡子照出了人們內心對愛情的想像，引導人們對愛情、生命、生活做出思考。

《失樂園》所表達的是如此浪漫、豔麗、悲壯的超現實的愛情境界。渡邊淳一在《男人這東西》這本書中，卻以一個坦率的老先生的口吻告訴人們（尤其是女人），男人的特徵是什麼。《男人這東西》簡直就是《失樂園》的反注，在邏輯上完全否定了那種「殉情故事」的可能。他是這樣理解「婚外戀」的：實際上，與單身女性交往的中年男性，雖然多數都重視戀情，但是他們更為看重在公司內的地位和名譽。如果戀情妨礙了這一切，他們會放棄來之不易的愛情。換言之，中年男性的本意是在不危及自我社會地位的前提下與女性交往。渡邊淳一的可愛還在於他能直言不諱地告訴女性，男性打算分手時的種種藉口：工作很忙或者其他搪塞的理由。他認為男性對於自己心儀的女性，無論發生了什麼，他都有辦法赴約，因工作而拒絕愛情簡直是豈有此理！

渡邊淳一的醫學背景讓他從生物學的角度看待社會問題，更強化了生理的功能。但他畢竟是社會中的正常人，文化難免會造成人的壓抑，所以他便以文化來抒發理想。《失樂園》所展現的愛情境界是人對愛情理想的極致，也是渡邊淳一對男性理性的現實生活所做的心理上的突破。假如我們無法理解他的用意，而跟著他的思路走，就會歪曲生活中的真相、誤入歧途，也會使渡邊淳一深感失望：你只是他思想的俘虜，而無能力和他交談。

愛情天仙配

全球暢銷書《時間簡史》（*A Brief History of Time*）使史蒂芬・霍金成為全球矚目的「科學明星」，然而這一切的前提是愛情，因為愛情拯救了他的生命……

個案閱讀

愛是生命的支柱

史蒂芬・霍金（Stephen Hawking）出生於一九四二年，在英國劍橋大學學習時，他被診斷患有肌肉萎縮性脊髓側索硬化症，通常被稱為漸凍症。該病會引起神經細胞損傷，這些神經細胞位於脊柱和頭腦內以控制肌肉的活動。這種病不影響頭腦思維，但該病的患者通常因呼吸肌肉失效導致肺炎或窒息而死。

史蒂芬・霍金知道，他的身體最後會像植物一樣，只有思維是完好的，但是他將無法和外界溝通。在目前的醫療水準下，這是不治之症，它是完全不可預見的，可能在短期或長期內穩定下來，但是永遠不可能變好。該病的患者根本不知道自己是否會在六個月內或二十年內死去。霍金得病的年齡比大多數患者更小，人們懷疑他會更早而不是更晚死亡。然而，霍金奇蹟般地存活了五十多年，這不能不令人萬分驚訝又無限崇敬他。他帶著不治之症結婚、生子，取得了偉大的成就。

霍金是個超人嗎?他與病魔抗爭的動力從何而來?讀過霍金的《時間簡史續編》，你就會明白了。

得了絕症的消息無疑是晴天霹靂，霍金的朋友們尤其為他悲傷，但是霍金淡然地接受了發生在他身上的一切，因為在診斷出疾病以前，他對生活已經非常厭倦，似乎沒有任何值得做的事情。然而，挫折會擊潰一部分人，也總是會拯救一部分人。當霍金做了一個自己被判死刑的夢以後，他忽然意識到，如果給他緩刑，他有許多事要做。他因此總結說:「我得病的體悟之一，是當一個人面臨早逝的可能時，就會體驗到活下去是值得的。」從那時起，霍金投身研究中，十八個月後，英國皇家學會會刊上發表了他的一篇論文，當時他只是個研究生，尚未獲得博士學位。

假如說死亡的迫近是使霍金幡然醒悟的強大刺激，另一個真正使他生活改觀的重要因素就是愛情。一個叫潔恩・懷爾德 (Jane Hawking) 的女孩在知道霍金的情況後，仍然願意嫁給他，這使霍金有了活下去的目標。也就是說，霍金要結婚，就必須有一份工作。

一九六五年，在霍金與潔恩結婚的那一年，霍金獲得了劍橋大學岡維爾與凱斯學院的研究獎學金。一九六七年，他們的大兒子羅伯特出生，一九七〇年女兒露西出生，一九七久年，第二個兒子蒂莫西出生。

潔恩使霍金真正奮發起來，為了結婚、生子、養家，霍金從沮喪中站起。霍金的母親說：「這是霍金的又一次好運，在適當的時候遇到適當的人。」

我們可以相信，還有很多人是有才能、有智慧的，卻因為缺乏一些基本的或是意外的條件與機遇而泯然眾人矣。人的能力要有適當的動機來激發，而天生的興趣與愛是最理想的動力之一。為了養家，霍金開始研究，一旦他投入，他就發現了自己的潛能與自己的興趣，於是他一發不可收拾，通往成功的道路就此打開了。病魔在他高度集中與關注於事業的同時被禁錮住了。這驗證了心理學的一個研究成果：一個對自己有信心、高度集中於研究的人，他的免疫力會隨之提高。因為女兒露西所在學校昂貴的學費，霍金才被迫創作了《時間簡史》。那是一本科普書，介紹宇宙概況。孰料，這為霍金帶來了意想不到的名聲和利益。也許，這是對他作為一個慈父的回報。

後來，霍金只能依靠電腦與人交談，他的身體日漸萎縮，但是他的微笑是真誠的。他把生命演繹到了無法想像的高度、廣度。在病痛的折磨中，他成了物理學的權威。他有一個堅定的信念：人類的頭腦幾乎有無限的可能性。可見，他的所有成就與「愛與被愛」密切相關。我們研究霍金，是在探索人類超越痛苦與災難的能力。在霍金身上，這展現為愛與被愛的能力是經受挫折，並在挫折中獲得成長的意志與領悟力。他具有這些特點，他發揚了自己的專長，取得了重大的成就，所以他有永恆愉悅的微笑。

心理分析　現實中「天仙配」知多少？

「天仙配」的故事可謂家喻戶曉，董永和七仙女的愛情成為世世代代的佳話，「天仙配」也成為美滿姻緣的代稱。人們也都希望自己的婚姻是「金玉良緣」。無論怎樣，婚姻還是絕大多數人駐紮的「圍城」，不論裡面的人在做什麼，只要還在那裡，「圍城」就還是庇護著他們。迄今為止，雖然有些人對婚姻信心不足，但是婚姻還是絕大多數人的選擇。其實「天仙配」比比皆是，擁有美滿姻緣者毋須言說，四處訴說的往往是一些對婚姻感到困惑的人，以致使人產生錯覺：「圍城」內皆是痛苦。愛情美談不勝枚舉：約翰藍儂和小野洋子愛得狂熱，在約翰藍儂死後二十多年，小野洋子仍每年到他們曾經的住處憑弔；錢鍾書和楊絳，終其一生不離不棄，珠聯璧合，愛情的充沛豐滿，讓他們超越了生死；還有魯迅和許廣平……被愛情滋潤的人們，不僅長壽，而且美麗，那是一種由內而外、由外而內的美麗。

愛情不會永遠停留在迷人的巔峰。愛情是道彩虹，它有自己的弧線，如果希望它永續，做好內在平衡是關鍵。有人認為「門當戶對」是外在的平衡，廣義上這不能算錯，但是它的內涵已經大為延伸。除了門第，決定兩性關係和諧與否的，還有許多其他因素：個體性格、生活興趣、文化傾向、處世觀念、價值判斷、消費方式、心理能量、性品味、性向度、性頻率等。雖然我們列出了許多因素，但是仔細分析可以發現，其中的生活興趣、文化傾向、處世觀念、價值判斷乃至性品味等，基本都受到門第的影響。當然，這只是相對的。同一個階級、階層可能擁有更多的共同語言，這是農業時代和工業時代的特徵；在資訊時代，尤其是網路時代，超越階級乃至超越國界、超越現實的共識都是可能發生和存在的。而且現代社會財富流動的頻率大為加快，一夜成為富豪的神話變成了現實，原有的生活方式正在急劇瓦解，新生活方式層出不窮，門當戶對的內涵因此發生了本質變化。婚姻和愛情已經由「性為本」發展到了「心為主」，精神上升時，以物質為基礎的「門戶論」被淡化了，而個人特質上升成為平衡的最重要因素。

心理解碼　什麼樣的愛情更美麗？

也許我們可以從一些名著主角或是名人的婚姻問題來探討一些由「門戶」產生的問題。

戴安娜雖是貴族出身，事實上早已是小家碧玉，她以絕色美貌令查爾斯王子（今查爾斯三世）傾倒。對他們來說，美貌和權貴是一種平衡。但是，它們會受到時間的制約而不可能持久。事實上，戴安娜是個「灰姑娘」，王子和「灰姑娘」的故事足夠浪漫，曾經舉世矚目，然而時間使這個故事的結局並不如人所料。

希拉蕊和柯林頓無論氣質、形象、智力都可算是天造地設的一對，但緋聞破壞了他們的愛情形象和感受。為什麼身為總統的柯林頓會這樣？也許是希拉蕊的強勢使柯林頓有莫名的壓力。

賈寶玉和薛寶釵雖屬同一階級，但是他們志趣相差太遠，而林黛玉和他意氣相投卻身世略遜；《鐘樓怪人》中的美女愛絲梅拉達和敲鐘人加西莫多的平衡在兩極——極美和極醜；查泰勒夫人和守林人因為激情和性的需求而結合——極度的性飢渴幻生出了愛；《飄》中的郝思嘉最終未能如願嫁給衛希禮，是因為她的性格比衛希禮不知強硬多少倍，對於郝思嘉，衛希禮最大的價值是一直堅持遠離郝思嘉的決心，假如他娶了，說不定第二天她就膩味。

假如我們把門當戶對理解為勢均力敵，美滿婚姻的首要條件就是總體上的平衡，這當然也包括具有決定性的經濟地位和社會地位。「門第」平衡通常是一目了然的、很直接的，然而有更多必要的匹配因素是隱性的，它主要取決於內涵而非外在的。

以類型來分，相對穩定的婚姻有以下六種：

- **同向型婚姻**：這是一種高度默契的、完全放鬆的，也是基本安全的組合，如《飄》中的韓美蘭和衛希禮，這類婚姻日子過得平靜、安逸，但是可能因缺少激情而容易受到婚外情的誘惑。
- **互補型婚姻**：所謂的「互補」僅僅是在性格和其他一些形式上而已，躁動的和沉默的、興奮的和穩定的、事業型的和生活型的、理智型的和衝動型的，在內涵上仍要保持一致，否則在婚姻生活中就會有舉步維艱的感覺。
- **戰爭型婚姻**：相好的兩個人，爭吵了一輩子，在一起時煩，不見面又想，打了一生一世又沒分出個勝負，所以他們意猶未盡，誰也離不開誰。人們稱他們為「歡喜冤家」。郝思嘉和白瑞德就接近這種類型。

◆**互相欣賞型婚姻**：這是一種相敬如賓式的婚姻，因為有適當的距離，所以有一定的保留，因為沒有死去活來，所以雙方都沒有過高的期望，而是常有一種歡喜的感覺，婚姻因此有持久的魅力。

◆**利益型婚姻**：假如夫妻之間有牢固的利益關聯，經濟上「勢均力敵」，對婚姻和家庭的穩定是有很大作用的。

◆**偶像型婚姻**：一方完全拜倒在另一方的腳下，這類婚姻在相當長的時間內保持平衡，除非有意外情況發生，對顯然的強勢者低頭是很容易的，兩人之間明確的心理等級有利於家庭穩定。

婚姻安全的類型舉不勝舉，婚姻中最忌諱的是在戀愛的巔峰期結合。婚後的日子怎麼努力也難以超戀愛巔峰，因此形成巨大反差，女性因此常常抱怨：「為什麼他和婚前不一樣了？」所以，我的建議是，別在愛得死去活來時結婚，如果熱戀過後還有感覺，也不討厭，再考慮安全入「城」。

猜疑的後果

中年女性面臨婚姻危機的情況是普遍存在的，每一種婚姻問題的型態都不同，每個人的處理方式也不同，本案的「疑心病」和「跟蹤衝動」就是由於缺乏婚姻安全感而產生的，我要和她探討的便是如何理解自己的心態和如何克服猜疑的心理。

個案閱讀

「窺祕者」的衝動

雖然多次接了她的電話，我卻一直不知道她的名字。在所有的諮商中，假如對方不主動報出姓名，我永遠不會去問。這是諮商師的常識：充分尊重人們的隱私權。

她的語氣顯得很焦慮，因為自己無法克服的「窺祕衝動」，她似乎已能預見到，自己對丈夫的強烈控制欲可能會使家庭分崩離析、不可收拾，但是她已無力自拔。

她是一名醫院的主治醫師，丈夫是鋼琴師，在一個文藝團體任職。半年前，在一個月明星稀的夜晚，她像往常一樣安頓好孩子後，看起了專業書，等候丈夫的歸來。一通

猜疑的後果

電話帶給她一個晴天霹靂般的消息，丈夫的一位朋友提醒她說：「妳難道沒有發現丈夫的變化嗎？假如有一天，他離妳而去，妳又將怎麼辦呢？」

朋友直接對她提出善意的警告，這足見事情已發展到了何等地步，她之前卻毫無感覺。她氣憤，甚至有些驚慌，她無法預料下一步他還會怎麼樣。憤怒和驚恐使她的心裡充塞著幻覺，似乎這個家明天就要毀滅了。往事一幕幕在頭腦中飛快地掠過，早已接受的、過去的事實竟處處皆是疑點：他為什麼在家中總是要背著人打手機？為什麼他每晚要十二點後才能回家？為什麼……她再也忍不住了，馬上一連打了三通電話給丈夫，電話並未接通。然後，她緊張地用雙手捂著耳朵，自欺欺人地害怕聽到丈夫的回電傳來不幸的消息。

正在這時，門開了，神情疲憊的丈夫不解地望著緊張不安的妻子。她清醒一點了，忍不住躍身撲進丈夫的懷抱，彷彿他是失而複得的至寶。但是，「忠告電話」帶來的陰影並沒有消除，而像一顆定時炸彈埋在了妻子的心底。妻子想要透過自己的努力，把事實真相調查清楚，她對丈夫隱瞞了那通電話。但是，家庭的溫馨與安寧從此不復存在了。

起先，丈夫並不明白妻子為何總在自己工作時打電話來。丈夫每次都能及時回電，使她的調查沒有辦法深入，但是只要放下電話，她的心裡便被猜疑充塞。因為她的心靈已被那通「忠告電話」控制了，她不斷地自我暗示：無風不起浪，丈夫的「外遇」之說事出有因。

在此心理支配下，她已不滿足丈夫僅在電話中與她對答。終於有一天，她再也顧不得隱藏自己的真實心理，要求丈夫讓旁邊的同事與她通話以示證明。

丈夫長年累月地表演，夜晚正是演出最熱鬧的時刻，當他疲憊地回到家中，耐不住滿腔怒火將要發作之時，素來賢淑的妻子看著他依然英俊的臉，再也忍受不了獨自吞咽那通「忠告電話」的痛苦，走上去用手捂住了丈夫的嘴，輕輕地說：「我全告訴你吧……」

聽了妻子的敘述，丈夫頹然跌坐在沙發上，一言不發。他是一個性格極其內向之人，珍惜自己的語言，從不隨意開口。他既沒有表達自己的想法，也沒有譴責「朋友」，只扔出一句冷冷的話：「我不相信我的朋友會做這樣的事。」

看著妻子哭天抹淚，丈夫終於說道：「我說了又有什麼用，我說了妳就相信我了嗎？還不如妳自己查訪，時間久了，自然會真相大白。」

但是，他們夫妻之間從此便多了一樣再也卸不去的沉甸甸的東西——猜疑。由「忠告電話」引起的隔閡時濃時淡、似有似無，卻再也沒有消失。雖然妻子照樣一天至少三通電話，丈夫也照樣回覆她，甚至有時候太晚了還主動把電話遞給旁人接聽。但是夫妻感情無可奈何地江河日下，丈夫的話更少了，妻子的疑惑也日漸累積，只因「查無實據」而無從追問。

一天半夜，她從噩夢中驚醒過來，摸摸身邊空著的半張床，她的忍耐似乎到了極限。她一連打了三通電話給丈夫，大有「你再不回家我就活不下去了」之勢。丈夫的回電終於來了，她輕噓一口氣，心情緩和了一點。但當她從電話中聽到了丈夫身邊有女人的聲音，便不可抑制地歇斯底里起來，一定要丈夫說清楚他當時的準確地點，然後乘著計程車瘋狂趕去。演出廳裡高潮已過，丈夫在辦公室裡與女經理一邊商量演出事宜，一邊啜著咖啡。對著衝進門的驚恐的妻子，丈夫已無法隱藏他的惱怒，而女經理在片刻間已了然事態的全部。

在回家的路上，丈夫對哭哭啼啼的妻子說：「在此以前，我從無『出軌』之事，從今往後，我也不知道自己會怎樣。我不可能總是和一個不信任我的人相處，既然妳那麼期望證實自己無端的猜測，我又何苦自甘寂寞？現在該我問妳，萬一我走了，妳會怎麼想……」

妻子忽然停止了哭泣，揚起疑惑的臉問：「你會嗎？」而後，她便像生病似的顫抖起來。

心理分析

心理暗示對行為的作用

俗話說：謊言說了一千遍就成了事實。那是因為人們在說的過程中不斷受到謊言的暗示，終於使它變成了事實。也有些人在聽了謊言很多遍之後，把假象當成了真相而信以為真。丈夫一而再、再而三地受到妻子的「查訪」後，便產生了「我為什麼不可以『出軌』」的想法，何況被「窺祕衝動」主宰的妻子，已經不可能帶給他家庭的溫馨與夫妻的快樂。

然而，對妻子來說，「事實真相」既被窺破，她的心反而顯得安定一點。她現在認為，事情並非不可收拾，而是需要自己有步驟、有策略地挽回丈夫的心。她開始了「挽救工程」的系列活動。她打諮商電話之時，便處於這種心理狀態。

在我看來，這位身為醫生的妻子是足夠幸運的。儘管她無事生非，丈夫還是把自己婚姻的籌碼押在了家庭這一邊。這也許未必是出於「良心和道德」，更多的是出於綜合考慮。權衡下來，他更需要現有的一切。我提醒她要慎重考慮的是她該如何對待婚姻、家庭間的差異與縫隙。按照常規，醫生與樂師在思想上可能存在著相當大的差異，加之夫妻性格截然相反、工作時間錯開，常常不在一起，使雙方溝通的機會不多。在這種情況下，丈夫或妻子任何一方有異性朋友也在情理之中。碰到這種情況時，該怎麼處理呢？婚姻其實是一個不斷發展情感、協調關係、增進了解的交往過程，誰也不是純粹獨立的個體，雙方具有心理、生理和社會上的各種緊密連結，遇到問題唯一的方法就是積極解決。這位妻子對待這種夫妻差異與疑問採取了偵查、控制的方法，其結果必然是適得其反的。這讓丈夫感受到不能承受之重，並且因被追逐而「叛逆」。假如她採取寬鬆的對策，與丈夫保持適當的心理空間，使雙方感覺到更多的自在與輕鬆，也許會使家庭更穩固。

我與她一起分析了那個打電話來的「朋友」的心理動機。這種不負責任的電話一般來說不會是出於對朋友及其妻子的愛與關心，而更可能是「恨」與嫉妒。有可能是那位「朋友」對丈夫心懷不滿才出此下策，也可能因為和丈夫比較接近的女性是那位「朋友」心儀已久卻還未接近的暗戀對象，所以那位「朋友」才愚蠢地採用此種方式讓妻子來騷擾丈夫。雖然我們無法詳知真正的原因，但那位「朋友」的騷擾性質是確定無疑的。

我遵從妻子的意願，撥通了丈夫的電話，我聽到了一個很沉悶、壓抑的男低音。當我說出了自己是心理工作者，並告知其妻子的心理狀態有問題需要他配合治療時，他的態度明顯緩和。當他知道妻子並非「無理取鬧」，而是「疑心病」使然，他似乎釋然了。我覺得他是不容易的，他是個善解人意的先生。

我建議妻子先要終止對丈夫的「跟蹤調查」。打電話或者請私人偵探不僅於事無補，還會把事情越搞越亂。只有徹底地停止懷疑和偵查，才有可能在自然狀態中發現事情的真相。我建議她在打電話的衝動難以約束之時，用購物的方式分散焦慮的情緒。

心理解碼　保護自己，保衛家園

在婚姻關係中，夫妻之間的信任是最重要的，而合適的心理距離是信任的具體表現。一旦失去了信任，一方追得越緊，另一方就會逃得越遠。

在來我們諮商中心尋求心理支持和幫助的人員中，中年女性是較為固定的族群，除一部分諮詢孩子教育問題的人以外，其他人基本上都是諮詢婚姻問題。更具體一點，其中相當一部分人發現丈夫有了外遇，然後前來尋求協助。遇上這樣的情況，我們一般是根據她們的具體要求和具體情況，站在她們的立場，和她們探討如何保障她們綜合利益的最大化，我們排斥那種脫離實際的片面強調女性要自強、自立、自尊的說法。同樣是丈夫有外遇，情況卻各不相同，有些是性伴侶，有些是生意夥伴，有些則是逢場作戲，還有些是連丈夫自己也說不清的關係。在很多情況下，時過境遷，是可以等丈夫回家的。對男性而言，也有一個綜合利益的問題。當然，那些品性不良，或者對外遇方有親密感情者除外。假如遇上死心塌地要離家的丈夫，我們的責任是幫助她們了解事情的真相，盡快從憂傷中走出來，把傷害降到最低。使女性能夠忍受丈夫不忠誠的唯一理由是，在女性進入更年期時，生理上和男性有較明顯的落差期，此時男性的性壓抑期也是女性的婚姻危機期。但是，性並非決定夫妻關係的唯一因素，婚姻的破裂與否是一系列很複雜、很微妙的關係總和。

因為有這些前車之鑑，中年女性難免會神經過敏，她們因害怕變化而疑神疑鬼、草木皆兵，最後把想像當成了真實，讓原本安全的婚姻出現問題，這是我們最不願看見的事情。希望本案例能夠給女性朋友們一些啟示：在婚姻生活中要理智，不要沒事找事，有事不怕事。什麼是該原諒的，什麼是要堅持的，能夠做到心中有數，這樣才能寵辱不驚、遇事不亂，有效保護自己、維繫家庭。

婚離篇

現在是一個婚姻狀況多變的時代，因為這是一個經濟空前發展、人們交流頻繁、社會高度開放的年代。古人認為「飽暖思淫慾」，按照人的本性來分析，性是人類最本能、最激烈、最愉悅、最華麗的行為，因為性是創造生命的運動。

和過去相比，現在是離婚率高的時代。外遇是離婚的前奏，但離婚並不全是因為外遇。從某種意義上來說，婚外戀也是離婚後再婚的「試驗田」。

當離婚成為尋常現象時，從另一個角度可以發現現代中國人的獨立性增強了。無論為了什麼離婚，離婚都是一種人生的決策。

外遇現象使人們反思，離婚是一種態度。有時候，離婚是一種解脫；有時候，離婚是一種認真；有時候，離婚是一種成全……

「可憐者」的離婚心情

在生活中，人們常常情不自禁地扮演著各種角色：可憐者、威脅者、審問者或者冷漠者。在很多時候，是審問者造就了冷漠者、威脅者造就了可憐者。人為什麼會成為自己現在所扮演的角色呢？這是由許多複雜的因素造成的，其中最重要的是個體內在的性格類型、成長的背景和人生經歷。

個案閱讀　弄假成真的離婚案例

到處訴苦的女人

珠剛過四十歲，頭髮染成了亞麻色，經常打扮得花枝招展。她是醫院的藥劑師，平日裡給人大大咧咧的感覺。可是突然間，她離婚了。更讓人難以理解的，是她先提出了離婚。

朋友和同事們明顯感覺到，離婚後，她整個人都變了。雖然她穿得還是很講究，說話還是那個語調，可是她的眼睛裡盛著幽怨，整日做夢似的。她遇到誰就跟誰說，說她對丈夫怎樣好，他卻是怎樣辜負了自己。人們起初很疑惑，她那個看起來忠厚老實的丈夫為什麼突然變了心。聽了珠的訴說，人們認為珠說的話有點道理，不免對她產生同情。

提起珠的丈夫劉名，人們並不陌生，他算是社區內的名人。長得帥，話不多，性格很溫和，是一家公立醫院的外科主治醫生。他們有一個十歲的兒子，只要珠不說，外人沒察覺他們夫妻間有什麼問題。但是珠說，從婚後一年多起，丈夫就開始冷落她，而她一直在努力，看他的臉色，盡量使他滿意，可是她再怎麼做也無法討好他。他們的關係不但沒有好轉，還越來越僵。劉名常常深夜回家，推開門就鑽進自己的房間。珠受不了這樣的冷落，有一晚，她特別期待他，便在他將要到家時先待在他的被窩裡，誰知他一探頭便退出去，寧可窩在兒子的小床上。珠氣得拖他回來問這究竟是為什麼，劉名乾脆攤牌自己在外有了女友，讓珠趁早死了心。珠又哭又鬧，但怎麼樣都沒有用，他死活不理。眼看大勢已去，珠已無力挽回敗局，她便捅破這層紙，在父母家人、親戚朋友那裡，開始傾訴自己的痛苦，訴說劉名對自己的無情無義、冷漠和他的「出軌」行為。幾乎所有的人都對這樣的事情司空見慣、習以為常，只是給她鼓勵，讓她堅持下去，說是「心誠能使石開花」。但是珠越來越感到絕望，因為無論她怎麼做，事情都沒有回轉的可能。他仍然毫不領情，鐵了心不理她，讓她陷入痛苦之中。有人忍不住問：「好好的，他為什麼突然變卦了？」珠便一遍又一遍地解釋：「他後悔當年娶了我，因為我在婚前已經失身了……」

他們曾經是大學同學。珠的前男友去了國外後便銷聲匿跡，全班同學幾乎都知道這件事情。對此，珠傻了似的幾乎沒有什麼反應，但同學們都知道她其實很痛苦。當時的劉名是個不引人注意的人，可就在這關鍵時刻，他成了一匹「黑馬」，衝出來「行俠仗義」，用他的真誠醫治珠的創傷。從此，劉名成了珠的丈夫，也成了她心中的神。「可是，他現在後悔了！」每每說到這裡，珠總是淚流滿面。

我問她：「妳主動提出離婚是為了報答他嗎？他曾經那麼虔誠地奉獻他的愛情。」珠毫不忌諱地回答：「不是的，我只是想試探一下他是否真的已經不愛我了。假如是，他會同意離婚；假如不是，他會勸我放棄這個想法……」

在被「憐憫」中變異

然而，珠的冒險失敗了！她只想到了以離婚來試探劉名的態度，心理上卻沒有準備好承受可能出現的離婚的結果。所以當劉名同意離婚時，她便讓自己陷入極其被動的局面。在此困境中，她的心理防衛機制產生作用，使她在心理上拒絕接受他們已經離婚的事實。她用自欺欺人的方法解釋所謂的離婚不過是丈夫在懲罰自己，而非真的離開她。雖然她帶著孩子和一大筆賠償回到了娘家，她的心卻一刻也沒離開過原來的那個家，有事沒事就藉機回去轉轉。直到有一次她在那裡碰到了另一個女人，她才驚慌失措地逃走。這時她才明白：以前的那個家已經不存在了！

她的夢醒了，她一手構築的精神樓閣塌方了。痛苦從心底裡泛起，她的心全亂了。從此，她蓬頭垢面，哭天搶地，變本加厲地訴說劉名的「無良」。剛開始，人們都很同情珠，覺得她很可憐，沒有什麼大錯，卻被丈夫輕易地拋棄了。因為在眾人同情的目光和撫慰的語言中獲得了聲援，她變得越來越喜歡抱怨。可是，時間久了，人們聽多了，也聽煩了，開始覺得珠肯定也有問題，否則不會這樣，珠的丈夫看起來也不是個不可理喻的人。但是，珠已經對訴苦有了依賴，那是她唯一的安慰和精神寄託。為了獲得人們的同情，為了和人們維持那種說和聽的關係，珠購買精緻的禮品和時尚的服裝，分送給周圍那些曾經對她表示同情的朋友。別人因為不好意思，起初還忍住煩躁繼續聽她訴說，後來幾乎所有的人都失去了耐心，他們心不在焉地任她說，卻照舊做著自己的事。珠發現別人對她的態度變了，甚覺無趣，同時也更自卑了。為擺脫這樣的狀態，她從妝扮上突破，把頭髮剪得很短，全染成金黃色，穿著時髦的少女裝，經常出入娛樂場所，喝酒抽菸，不理家務，無心工作，讓孩子「放牛吃草」，任孩子在外遊蕩，自己則經常往劉名那裡跑。此時的她特別焦灼、躁動，怒火中燒，一片混亂。劉名看到她就逃，把她當作鬼魅，這讓她痛苦極了。那個時候，她還不知道劉名馬上就要結婚了。

心理分析　乞憐是因為心理依賴

劉名即將再婚的消息像一道驚雷把珠炸醒，這讓她徹底認輸了。她不再扮演可憐的訴苦者，她心裡盡想著怎麼樣才能讓劉名難受。有時候，她想：「現在劉名不需要我，但是等劉名老了、瘸了、聾了、瞎了、病了，我就有機會去伺候劉名了。」有時候，她又想：「劉名現在這樣嫌棄我，假如我死了，劉名會有一點點難受嗎？哪怕不是為我，為兒子少了媽媽，也會有一點點在乎吧？」這樣想著，她彷彿覺得自己真的死了。對於這一切，劉名一臉茫然，不知所措。也許，劉名後悔了，深深地懺悔，非常痛苦……

珠的生命好像已經不是自己的了，完全被劉名操縱，想到劉名即將和另一個女人結婚，珠一刻也按耐不住了，珠去找那個女人，去和她談談劉名這個人。

那個女人比劉名小十二歲，父親是某大學的校長，時尚、漂亮、幹練，看起來也很溫婉、善良。珠本想給她一點忠告，孰料先自膽怯，什麼也沒說出來，卻聽到了她對劉名的很多讚美，知道她從劉名那裡得到了自己渴望了十幾年卻從未得到的愛。珠的心被妒火燒得不成形狀。珠塌下來了，精神崩潰了，她本能地走向原來的家。那天劉名並沒有迴避她，迴避也沒有用，是時候把一切都說清楚了。

「真的就沒有機會了嗎？真的就這樣結束了嗎？」珠哭成了淚人，淒慘地問。

「是的，從妳和別人上床的那刻起。」劉名冷靜而堅決地說。劉名對珠攤牌，他曾經請私人偵探跟蹤她一年，調查報告清楚記錄著在那一年中，她曾經和三個男人有染。「是的，那是你逼我的，你那樣冷酷殘忍地對待我，我受不了那樣的寂寞，我幾乎要崩潰了。所以，我曾經放縱自己……」劉名咬牙切齒地說：「就為了這點，我與一千個女人有染也不為過、不解恨！」

珠心裡想：劉名可以那樣待我，我為何不可以那樣？但是她沒有說出口，她已經習慣屈從。她又想：劉名調查我，說明劉名還在乎我！這樣想著，珠的心裡面竟有一絲感動。

可是劉名咆哮著說完這些話，轉身就走了，把神志混亂的珠留在他們曾經生活過的那間房子裡。

我和珠前後進行了四次談話，經過坦誠而仔細的分析，對她的心理狀態基本達成了這樣的共識：

珠從小就離開父母，寄養在爺爺奶奶處，而老人之間的關係長期不好。因此，珠一直是被忽視的，這使她養成了無條件服從的習慣，她的自我意識也因此被嚴重壓抑，可以說她是沒有「自我」的。這種心理狀態使她在成人後也習慣以「屈從」的方式表達自我的正常欲望，把自己打扮成一個受欺負的可憐者的形象，甚至不惜自我扭曲，以達到自己的目的。當這一切手段都無法見效時，她就產生了自殺性的報復衝動，不惜毀掉自己的生活，也要力圖控制對方。這一切都是因為她沒有自我，難以建立自己的生活，極其依賴他人。

心理解碼　可憐者的心理真相

珠沮喪而又茫然地坐在諮商室屏風後的沙發上，我問她：「妳堅持著對他好、為他操心，又不斷地找人訴苦，希望得到別人的同情。這其實也是妳報復他的手段，對嗎？」

珠睜大了眼睛，說道：「是嗎？也許是的，我不斷地糾纏，其實也是為了讓他付出代價。」

在他人的眼中，珠是個被欺負的人，而事實上，劉名的痛苦也是很深的，他的痛苦與珠恰恰相反，不但沒有外在的痕跡，甚至連他自己都不知道為什麼會如此痛苦。長期以來，他忍受著和一個自己不喜歡的女人在一起的鬱悶，他要為自己的「變心」自責，要承受被遺棄的前妻種種過分的行為，還要接受外人認為他是個負心漢的評價。眼看他就要建立新的生活，可是前妻還是不依不饒，緊追不放……

「是的，我不但在破壞他的名聲，還在破壞他的生活，影響他們即將建立的新家庭！」

一切都失去了，珠一掃平日的委頓，變得亢奮起來。為什麼會這樣，連她自己都莫名其妙。實際上，長期以來，珠所有的自我扭曲，都只是為了得到他、控制他，一旦得不到了，她的心態就成了另一種狀態。

一個沒有目標的人在沒有依靠的情況下只能聚焦於曾經的傷痛上，那是她僅有的生活體驗，也是她的救命稻草。所以無論是否離婚，劉名都是珠生活的主要內容。她一天無法獨立，就會痛苦一天，在現在的境遇中，她只能夠痛苦。

要走出痛苦的深淵，珠還需要學習很多東西：第一，要學習以正常的方式去獲得自己應有的權益；第二，要改變把自己看得很低的自卑狀態；第三，要改變到處訴苦的習慣；第四，要安排好自己的工作和生活。想要獲得劉名的尊重，珠就要先讓自己的日常生活正常起來，這樣彼此才有正常交流的可能。俗話說「不破不立」，婚姻破碎了，珠的心已經空出來，只要不刻意拒絕，新的生活也就不遠了。

為離婚而離婚的憂傷

有些人所謂的「憐憫」、「慈悲」、「惻隱之心」並非真正對他人的關心與同情，而只是自我哀憐的投射與外化。他們的心理行為有著明顯的特點：遇事優柔寡斷，左右為難，瞻前顧後，萬般不忍……

個案閱讀　強迫性的離婚衝動

夏末的一個子夜，我接到了萍的緊急來電，從她細如蚊蠅的聲音中，我聽出她的沮喪已達臨界點。萍從傍晚時分開始草撰一份關於醫療事故的報告，可是窮思竭慮幾個小時，還是沒有思路，她的情緒完全被當前發生的挫折吸引，頭腦中全是悲觀的聯想，時至子夜還淚眼迷離，無法入眠……

萍是某醫院的主治醫師，經過多年艱苦努力，終於和丈夫解除了婚約。萍離婚了，現在是一個自由人，可以按照自己的心願去愛、去生活、去創造。然而，連她自己也未曾料到，離婚後的「快樂」瞬息即逝，「惆悵」卻從心底快速瀰漫開來。萍的心裡依戀著這個家，認為這樣走了的話太對不起前夫。她又一次陷入焦灼中，其程度比以前更甚。在此失衡的心境中，最終還是前夫為她解了圍。

萍的前夫是一位企業家，擁有自己的公司。雖然他對萍的古怪、任性、做作「深惡痛絕」，但又被她溫文爾雅的氣質與千嬌百媚的風情所折服。雖然他拗不過萍，被迫在離婚協議書上簽字畫押，卻仍然留戀與萍在一起的「風風雨雨」，心裡想著多留她一日是一日。因此，在正式離婚以後，他又提出要求：在萍有再婚意向以前，暫住他處，以協助他工作，而在完全離開之前，不公開他們已離婚的事情。他提出離而不分的理由有三個：一是為了安撫年邁的父母，不讓他們煩惱；二是公司正值發展的關鍵期，夫妻離婚會影響公司業務；三是萍一直是公司的業務顧問，公司的業務離不開萍，要等有人能夠接手後，萍才能離開。前夫的這些請求誠懇、迫切、合情合理，萍也覺得離婚對前夫傷害太大，不如暫留這裡聊以補償。因此，萍便接受了前夫的邀請，暫住他處，過著奇怪的「同居生活」。

在外人的眼中，一點也看不出這個屋簷下早已「物是人非」。從法律的角度來說，他們的關係發生了本質的變化。他們在心裡卻時時咀嚼著自己種出來的苦果：他們從夫

為離婚而離婚的憂傷

妻變成了同居者，然而，他們都是極其認真的。雖然萍與往日一樣為他洗衣煮飯、端茶送水，但到了夜晚，本質上的區別便顯示出來：他們洗漱完畢後各自走進自己的房間，轉身帶上門把手。但是萍的心難以平靜，她悲傷地問自己：「我不知道自己現在是什麼東西，是否成了一個怪物？」

萍說，在休閒時間，同事們會津津樂道地扳著指頭數落著丈夫如何不體貼、兒女如何不成器。話是這麼在說，可是她們的眉宇之間又分明顯露出得意與幸福。種種熱乎乎的場面使萍聯想到自己的狀況，這令她感到心灰意冷。

偶爾朋友相聚，她們聊的都是大功告成卻意猶未盡的遺憾，嘴裡說的是美中不足，語調裡聽起來卻是炫耀。只有萍一個人的心事無法對外人說，她只能「打腫臉充胖子」，自己的心在哭泣，卻得把笑臉給人看。只有在別人忘乎所以的空隙，萍才能緘口不語，想心事……

最難纏的要數萍的母親。她不知女兒已經離婚，還三天兩頭來催促女兒快點生個寶寶，以讓她了了當外婆的心願。面對母親熱切的期盼，萍有苦難，只得一味地推諉搪塞，得過且過。可是母親卻不肯甘休，時常到女兒家中，似乎要「耳提面命」才能安心。但是當母親發現自從自己到來，萍不去丈夫房間，而只是在母親的床上過夜後，只得忍著滿腹疑慮迅速離去了。

母親走了，她以為這樣女兒就會更快地生個寶寶。卻不知道，女兒早已成了「單身者」。

在留著母親體溫的床上，萍為自己奇怪的處境感傷，在被窩裡大哭一場，恨不得拔腿就走，到一個耳目清淨的地方，永遠捨棄這令人煩惱的「家」，然而她已失去了離開的能量。

當萍再次找我諮商時，事態已有了轉機。公司裡的人紛紛議論著前夫有了新歡，且對新歡如何寵愛。

萍說：「我聽了這些以後特別不好受，他之前一直聲稱是愛我的，可是他從沒有對我細說過公司的收入情況，我更沒敢奢望他開車送我去哪裡。現在他對新歡可是每天親自迎來送往，還會在工作時間送她外出。最令我不安的是，她現在已執掌了公司的『財政大權』，擺出了老闆娘的姿態，可是我還沒有走呀……」

萍向我提問：「我與前夫已沒有了法律關係，早就不是夫妻。可是我為什麼還會難過？這不是『變態』吧？」

心理分析　無法逃避的痛苦

萍無法適應這種變化，與他們沒有在心理上徹底擺脫婚姻「契約」有關。雖然他們解除了法律上的婚姻關係，然而在生活方式、社會角色及心理習慣上，仍然以家庭方式相處，所以萍會對前夫有新歡感到非常不適。

不過新歡的出現正是萍離家的好時機，萍根本沒有必要繼續忍受這種沒有意義的刺激。

但是萍已經把自己弄到了無法離家的地步。她如一顆燃盡能量的恆星，快速地坍縮成黑洞，在以巨大的引力拉扯其他物體時，也不斷地消耗著自己的能量。婚約解除了，萍仍留在原來的家裡，想像著前夫的種種好處，以作為繼續滯留在這裡的藉口。不是萍不想走，是她已經失去了行動的能力。

因為萍當時一心一意只想離婚，卻又說不出合適的理由，便抱著把什麼都放棄的「破釜沉舟」的決心，匆忙地簽了離婚協議。如今她真的想走了，但除了娘家，別無去處。

萍的心理失去了平衡。前夫的公司也有她的心血，這個家是他們共同操持，如今她卻只能兩手空空地離去。前夫似乎從沒有想過這種事情，只知道「縱容」新歡「作威作福」……

當萍一心想毀壞的那個「家」並沒有按照她的意願被解體，而將以新的形式重新運轉，卻把她真正地淘汰出局時，萍受到了震撼。這種震撼促使萍反思：為什麼自己會走到這種地步？在內心深處，自己究竟需要什麼？

心理解碼　憂鬱者的病理性衝突

萍所呈現出來的持久而深刻的進退兩難的矛盾，在心理學上被稱為「趨避型衝突」。當一個人陷入內在嚴重的衝突時，他就很難正常工作和生活。這種衝突並非真實存在的矛盾，而只是引發痛苦感覺的「藉口」。關鍵問題是萍的心中已經有太多的負面情緒。

萍是一顆被太多熱量膨脹的恆星，以無法逃逸的引力，拉扯著周圍的物體，使自己的負擔越來越重，熱量越積越多。她的熱量便是她的「愛之激情」，而激發愛情的動力，則是她想用「愛情」征服一切又破壞一切的欲望。在這種欲望的支持下，她先成了一個賢淑的妻子，繼而又毫無理由地堅決要求離婚。事實上，萍並非完美無缺的，「追求完美」只是顯露出了她不敢正視所欲所求的弱點而已。她害怕自己是一個醜陋的人、一個貪心的人，她怕自己變成這樣的女人而被人鄙視、被人所不屑，所以用盡全力塑造自己的形象。她是一個屈從的憂鬱者，一直以成全他人、獲得他人的好評作為自我評價的標準。這種需求具有憂鬱者的共同特點——強迫性和盲目性，受挫後便產生焦慮與頹喪。無論在需求的表現上如何不相同，對親近的渴求、對歸屬的渴求都是相同的。這種渴求源於萍內心深處的不安全感，她的不安全感與她本身的心理特點及她出身於一個功能失調的家庭有關（父母分房了十幾年後離婚）。

她表現出屈從的、親近人的，需要被他人讚揚、肯定的特點，這必然會導致她迴避、壓抑自身真正的需求。當這種屈從逐漸變成明顯的壓抑時，憂鬱也形成了。它在心靈深處張開口子，渴望吞噬「獵物」，以使自己平衡。萍的離婚不是因為失去愛（也許她從未有過愛），而僅是對自己屈從的反叛。

離婚了，丈夫有了新歡，萍終於得面對現實。在無處躲避時，她發現了自己的真面目：原來她也是一個俗人，也在乎財產、權利，也有不平衡、忌妒。萍終於能正視自己，從現在開始，她開始朝著正常的方向努力。經過反覆商討，萍決定先搬出前夫的住處，而後根據應有的權利再次協商財產分配等其他問題。萍對自己的行為做了徹底的反思，然後做出相應的選擇，展開新的生活。

愛情尊嚴

愛情是最典型的人道主義，對愛情的態度構建了不同的我們。

個案閱讀　被愛情所傷害……

我的學生把我領到了位於某賓館三十九樓的酒廊，說有一位結婚僅三天就離婚的小姐想找我諮商。紫光微瀾的酒廊內，香氣迷濛，人影綽綽。在和西裝革履的紳士與不修邊幅的休閒客擦肩而過的間隙，我看見了一位披著亞麻色長髮、膚如凝脂的絕色美人坐在吧檯邊，我的學生對我說：「她就是找您的音小姐。」

我的學生離去了，音小姐把我領到了酒廊僻靜的角落，她默默地坐著，靜靜地看著我。隨後，她緩緩從粉色小包裡取出菸，點燃後夾在細長的指間。從她微微顫抖的指尖與有些溼潤的眼睛，我知道她現在的情緒很激動。她真的非常漂亮，連她說話的樣子也楚楚動人。

音原本是外企的英文翻譯，一進公司她就暗下決心，要成為一個最出色的員工，以證明自己的價值。但是她失望了，無論她怎麼努力，都難以引起他人的注意，她難以想像自己得熬到什麼時候才能出頭。在一次與上司爭執之後，音一跺腳，便離開公司，一路南下，暫時棲身於繁華的臺中。在這個躁動的、充滿慾望的都市，那些賓館、酒吧閃爍著詭祕的光彩，似乎時時在召喚她。

日日夜夜，男男女女，杯觥交錯，人聲鼎沸。其實這些聲色犬馬的場所並不能使音興奮，她所受的教育令她對這一切懷有戒心，但音最終沒能抵擋住誘惑，還是投身其中，成了酒吧的領班。

音的美豔令人心動，使得酒吧賓客如雲，但音堅守潔身自好的底線，不肯跨越雷池一步。然而，她的固執，她滿不在乎的、漠然又帶著些許迷惘的微笑，卻令人著迷。驚鴻一瞥，音的容貌便在一位中東富商的心中生了根。為了親近自己崇拜的女神，他夜夜來此，想用金錢與誠意催開這朵暮春的花蕾。

音是個性情剛烈的女人，卻為他的深情感動，在這樣的場合、這樣的工作圈，與一位愛自己的男人同居並沒有什麼不好。雖然她沒有明顯的愛的感覺，但至少可以保護自己免受傷害。當夢想變成了事實，這著實給了中東富商大大的驚喜，他對音自然是百般疼愛、倍加珍惜。他為音準備好豪宅和所有精緻的生活起居用品。音並不是很在乎他的錢，以舉重若輕的態度滿足自己的物欲，卻又藐視他的財富。驕傲的音在體面的環境中時常被自尊的鞭子抽打得一陣陣痛。她覺得自己正在無可奈何地滑落，滑向黃金打造的籠子裡，成了一個披著金羽衣的囚徒。音白天還去酒吧做領班，晚上就棲身在他的家。表面上看起來一派居家氣氛，但音心裡明白，他們既不是夫妻，也非情侶，只是協議關係——那是男人與女人的肉體協議。話雖如此，她仍然很有禮貌，明白自己該如何行事。她總是把自己打扮得漂漂亮亮的，用令人心醉的微笑面對那位愛她的男人，神情像一頭純潔的綿羊或溫順的小白兔。偶爾，她會對整裝待發的他說：「遇見女人，對她好一點，千萬別欺騙她說你愛她，她也是很苦、很不容易的……」說著，音會俏皮地從抽屜裡拿出一遝錢放進他的口袋裡，補上一句說：「別虧待了她！」

那位男士又驚又怕地被洞穿了心事，誠惶誠恐地揣摩著音的心思。有時他幾乎被弄糊塗了，不知道音的心裡到底是怎麼想的。

音看起來是那麼善解人意，她在滿不在乎之中把對方拿捏得恰到好處。她好似天生就能駕馭男人，把一切處理得妥妥貼貼。既然如此，那位男士又何樂而不為呢？

這樣的協議關係原是毫無道德約束，更談不上責任和承諾，該是自由又輕鬆的，但是那位男士的變化日益明顯，他外出的次數越來越少，即便出門應酬，也常把音帶著，不讓她獨自閒在家中。夏季快結束時，音聽到了從他口中說出的意想不到的話：「音，嫁給我吧，我要娶妳，讓我們永不分離……」因為太意外了，所以音幾乎不敢相信。再看他，笨嘴拙舌地說著不流利的中文，拿著手帕時不時擦著額角的汗，眼睛卻閃閃發光。音感到困惑：「這是在做夢嗎？」

婚前那幾天，音一反常態變得坐立不安，滿不在乎的微笑消失了，她顯示出了焦慮與不安的狀態。音想：「我們再也不是臨時夫妻，他將成為自己的老公，他會不會再去找別的女人呢？」

對未來的憂慮抵不過眼前所有對音的誘惑，他們終於結婚了。婚後第二天，音飛回臺灣告訴父母這樁婚姻的消息，她沒有為新郎無法同去而感到遺憾，因為她打算過幾天就飛回愛巢。

看見只在娘家住了一晚的音回家了，音的先生喜不自勝。他取出精緻的首飾盒，小心翼翼地在新娘的手指套上了那枚南非鑽戒。音卻顯得神不守舍，若有所思，趁先生離開臥室時，急切地打開床頭櫃的抽屜，只看了一眼，音的臉色就變了……

「你昨晚幹什麼去了？」

剛走回房間的新郎，被音的模樣嚇了一跳，他驚訝萬分地問道：「我怎麼啦？」

「你心裡有數，我數過了，保險套少了一個……」

新郎更奇怪了：「妳為什麼要這麼對我呢？就因為我們關係轉變了嗎？我們結婚了，妳應該比原來更快樂、更信任我才對呀！」

但是音沒有辦法信任他，他是那樣一個風流成性的男人。「你難道讓我做掩耳盜鈴的傻瓜嗎？我是認真的，因為現在我是你的妻子，你必須承諾對我忠貞。」

「妳憑什麼懷疑我？難道就為了這個東西嗎？」音的先生翻開枕頭，底下正躺著一個包裝完好的保險套。「我猜妳今晚可能會回家，提前讓它在這裡等候妳呢！」音的先生戲謔道。

為這大煞風景的插曲，音啼笑皆非，這一切似乎是太可笑了。音的先生又說：「我們剛結婚，妳就來這麼一手，往後會怎麼樣，我不敢想像了。」

「請你理解我的心情，你原本是一個『花花公子』……」

音的先生忍不住了，冷著臉說：「那妳又是什麼東西？不過是個酒吧的領班……」

音震怒了，即使結婚了，但在他心裡，自己仍被瞧不起！他的這句話把他的心思暴露出來了。

音一躍而起，褪下身上所有的飾品與華貴的服裝，換上原來的行裝，分文不取，衝出豪宅，頭也不回地奔向故鄉，只留下情傷的創口與對往事喜憂參半的回味……

心理分析　從情人到夫妻的心理差異

已經習慣在一起生活，彼此之間相處已無問題，音現在只需要在心理上轉變一下角色即可。音最終還是相信了愛的真實性，並抓住時機，與富豪重新訂下協議，這次是婚姻的協議，而非暫時的同居。

音能夠在邏輯上清楚意識到角色的轉變，但是她的心理習慣常操縱著她的行為，並干擾著她的意識。在內心深處，她對這樁婚姻其實是深深懷疑和顧慮的。

正因為有這樣的不安全感，音才會如此設局，以探真偽。結果，她先生的行為是忠誠的，但是他內心對音的藐視昭然若揭。婚後的他，身體還是忠誠的，心裡的輕視已掩飾不住，裂痕已經出現，再相處也是傷害。傷害是因為期待，期待是因為身分的轉變。一個小小的測試便打破了一座虛擬的愛情宮殿，音的心裡沒有了退路，她只能打碎這虛幻的愛情童話。

三天的婚姻在音心頭打了個解不開的結，她現在仍做領班，卻再也不思婚嫁。姐妹們都說她傻得可以，輸人輸錢又輸情。

音卻不這樣想，她並不是很在乎錢，可她不解自己為何會把事情鬧到那種地步。「我這是愛他嗎？要說愛，為什麼我說走就走，沒有牽掛呢？要說不愛，我又為什麼如此在乎他的言語傷害，不依不饒呢？我為什麼會這樣呢？當初難道沒有更好的方法來挽回那段婚姻嗎？」想到這件事，音的心就像被刀絞似的痛。

心理解碼

自卑使她逃避幸福

音看似很獨立、很驕傲，但實質上她的依賴性很強，她只是嚮往追求獨立而已。她當翻譯時曾經很在意別人的關注，依賴別人的評價。得不到好評，她便不惜當酒吧領班。在音的潛意識裡，她對自己的行為是不認同和詆毀的。這使她在結婚後，無法接受自己可能得到的幸福，無法理直氣壯地接納自己。她布下「疑心陣」便是因為她的潛意識裡埋藏著不相信自己可能獲得快樂和幸福的因素。究竟是什麼理念導致她如此懼怕幸福、拒絕快樂呢？概括起來說，這是內心深處傳統的道德觀念對自己行為的否定而產生的心理衝突的結果。對於自己可能獲得的幸福，她是不自信的，這能說明為何同居時她還能夠比較坦然，而在成了女主人後，她便惶惶不安，似有大禍臨頭，最後表現出來的試探、窺測、控制心態，其實也是對自己行為持否定態度的表現。當然，由於角色轉變得太突然，她一下子轉不過彎，也是可以理解的。同樣的人，同樣的情境，身分突然改變，確實很容易使人陷入懷疑之中。這三天婚姻的破碎雖有其心理和性格上的邏輯性，卻並非必破無疑。假如音能夠更放鬆一點，不要太執著於身分、財富、地位的懸殊，更心平氣和一點，不急於採取如此激烈的行為，也許他們可以共度一段美好的時光。事實上，音是擁有正常婚姻的權利的，她並沒有做錯什麼。

離婚的時機

這是一個失敗的「實用式婚戀」的案例。實用式婚戀的特徵是僅將愛、婚姻、戀愛視為生活之應有，但求滿足彼此的現實需求，而忽視精神、心理的需求，並缺乏對理想的追求。

個案閱讀

為了生存的婚姻

走出公私的大門，卓棋站在街上躊躇不決，今天去哪裡過夜呢？她覺得很累，最後決定去附近的二姐家。卓棋在兩個月前離婚了，這一場拖了十幾年的拉鋸戰終於有了結果。離了婚，卓棋卻仍然很焦慮，她牽掛著與房子一起被判給前夫的兒子。加上因來不及買房，在兄弟姐妹家輪流寄宿「打游擊」，卓棋的心情因此糟透了。

卓棋在路邊吃了一碗拉麵當作晚餐，又胡亂逛了一會兒街。當她到達二姐家時，天已經黑了。她還沒來得及推門，就發現暗處閃出一個身影。卓棋仔細一看，那竟是自己的兒子，只見他蓬頭垢面、衣服凌亂、脖子上還有抓破的血痕。卓棋驚恐得張大了嘴，發不出聲。兒子說：「媽，我又和爸『幹架』了……我想見妳，就跑到這裡來等等看……」兒子露出了滿足的笑容，卓棋再也忍不住自己的悲痛，一把摟住了兒子，淚如雨下，卻又忍著不讓自己哭出聲來，生怕這會令二姐的鄰居恥笑……那一刻，卓棋覺得自己強撐著的那點精神崩潰了，她失去了直面不幸人生的勇氣。卓棋的精神、心理陷入一片混亂之中。

卓棋婚姻破碎的根源，還得從當年結婚的動機說起。二十幾年前，在臺灣長大的卓棋是美國一家醫院的醫生，當時的工作調動是很困難的，想要調回臺灣工作更是難上加難。卓棋的工作環境還算可以，她卻不想在美國結婚生子，因為她根本不敢想像生個孩子長期在國外安家的景象。卓棋的父母急著幫卓棋找了一個叫龍的壯實、憨厚、長相平平的男人，很努力地撮合他們結婚。由於卓棋長年在美國工作，只能由父母為她挑選合適的對象。秀外慧中的卓棋和龍這樣的「古意人」在大體上還是合適的。在那個年代，溫飽與安定是婚姻的基本要素，浪漫與愛情是奢侈品。所以儘管這兩人在各方面差異較大，最終還是被「撮合」成了夫妻。很久之後還被卓棋的家人朋友傳為笑談的是，在結婚當天，龍興沖沖地撞進卓棋家客廳迎親時，卓棋竟然別轉身，以手掩面連連說道：

「哇，醜死了，我不去了，我不去了……」卓棋後來說道：「看見他梳得油光閃亮的頭髮與他興奮得手足無措的模樣，我心中湧出的竟是一陣討厭的情緒……」這段婚姻從一開始就埋下了隱患。

他們的不和諧其實是情有可原的：卓棋的父母是知識分子，卓棋從小浸潤在詩書琴棋之中，兄弟姐妹中大多從事文藝工作，她耳濡目染，從小多才多藝。卓棋長得端莊秀麗，頗具靈氣，是家中的小妹，不習家務，備受呵護，自然天生麗質。龍卻正好相反，他在頂樓加蓋的房子裡長大，家中兄弟姐妹全靠父母微薄的薪水生活，小兄弟們會為多吃一口飯而「打仗」。生活的艱辛令龍的父母很強悍，使孩子們充滿欲望。當龍娶了貌如天仙的卓棋，儘管卓棋是在國外工作，但也使龍的家人欣喜若狂、激動不已。龍全家上下對龍娶回的有大家閨秀風範的卓棋特別重視、厚待。雖然如此，令人十分遺憾的是，卓棋在心理上和生活習慣上仍無法接納這樣的家庭。他們的熱情反而令她不適應甚至難堪。

婚後不久，卓棋回到臺灣。偶爾去一趟婆家，她會覺得分外寂寞。然而，當兒子出生後，她便對這份婚姻失望了。當兒子滿月，卓棋夫婦推著嬰兒車回娘家時，一塊手帕不小心從卓棋的手中落下，蓋在孩子的臉上了。龍立刻在街上吹鬍子瞪眼睛地斥責，卓棋嫌他小題大作，說他行為舉止過於粗俗，誰料龍火氣更大，毫不留情地當街踹了卓棋一腳，直踹得卓棋蹲在地上直不起身。這一腳踹進了卓棋的心窩裡，使她明白了這樁婚姻的荒謬與牽強，她的心裡產生了離婚的念頭。但在當時的年代，這又是何等艱難之事？

心理分析　去還留的遺憾

為了懷中的兒子，卓棋暫且隱藏了心中離婚的念頭。兒子上學後，由於對子女教養觀念與方式的不同，卓棋夫婦經常爭吵。經過十幾年的冷戰、熱戰，卓棋的脾氣變得暴躁，溫柔美麗的女子變成多愁善感的怨婦。每當她看見龍連續幾小時裝腔作勢地訓斥兒子，而兒子則像老鼠見貓似的畏畏縮縮，怒氣便油然而生。每當龍因兒子成績不好體罰兒子時，卓棋恨不得衝上去與他打架。「離婚」成了卓棋的口頭禪，剛開始很管用，龍還會冷靜下來，他是絕對不願意離婚的，加之兒子在兩邊相勸，卓棋在極度的痛苦矛盾中，最終還是暫時放棄了離婚的念頭。終於，熬到兒子上中學，卓棋覺得可以打理自己的生活而沒有後顧之憂了。此時的她像一個從戰場上退下的士兵，離開生死相拼的戰場，心情寬鬆點了，卻覺得渾身疲倦無力，精神似乎崩潰。經檢查，她的生理和心理狀態都不好，需要治療調養。卓棋心裡很明白，這就是失衡婚姻的結果。她知道自己又到了懸崖邊，面臨人生最後一次的選擇：是苟且下去，還是獨立出去過清心的日子？眼看她就要跨出這一步了，但是那些病歷與一大堆藥留住了她，她終因害怕拖著病體孤苦地邁入中老年，而在最後放棄了離婚的打算。她以為婚姻的離散全是由她決定的，因此安於自己「湊合」下去的決定，殊不知一直被她小看的龍對她的心態一目了然，並有自己的打算。一等卓棋安下心來，龍開口了：「孩子大了，是分手的時候了，我現在就可以成全妳從剛結婚時就有的離婚念頭……」

心理解碼

婚姻中不能承受之重

太意外了！卓棋不會拖著不離婚，卻未料龍有這麼一招，她羞憤慌亂之餘，什麼都不顧了，只想早日離家。房子是龍的公司分的，孩子要跟著房子，家中本就沒有什麼值錢的東西，她帶著換洗衣物離開了這個她本不該來的地方，在親朋好友處寄宿、棲身、流浪……

這樁婚姻的破裂是必然的，因為它缺乏構成婚姻的基本要素。婚姻是兩人情感互動的過程與結果，是人的精神、心理、生理、社會意義等多方面因素的綜合表現。這些基本因素平衡得好就會出現人們期望的和諧、快樂的婚姻，反之便造成偏差或傾斜。從卓棋與龍的關係，我們可以發現，他們的婚姻在基本要素上是不具備的。

首先，在心理、精神上，他們大相徑庭。自幼生活環境的不同，使他們在生活方式、倫理觀念、個人趣味上都相差甚遠，遠得幾乎失去了對話的可能。這裡有兩句成語——惺惺相惜和剛柔相濟，前者指才智相當的人會彼此欣賞，後者指兩個人性情各異卻能互相配合。但是「才智」與「性情」和「情趣」與「觀念」是有本質區別的，前者帶有更多的客觀性，後者卻是個人的主觀感受，所以，性格、能力不同者可以互補，觀念、情趣、理想不同者卻很難相處，那些終生都難以充分溝通、獲得真正親密關係的夫妻，基本上都屬於後者。

其次，由於婚後分居，年輕的夫婦經常處於性飢渴狀態，這也是他們關係惡化、溝通困難的原因之一。長期的性飢渴會造成心情憂鬱、性情狂躁、身體疲憊、意志消沉，甚至產生絕望感。性是人之本能，嚴重的性失調不但會造成性情問題，還可能訴諸表象，如精神委頓、舉止猥瑣、愁眉苦臉、焦慮不安。反之，容光煥發、神采飛揚、開朗樂觀者，往往都處於良好的婚姻狀態中。

當他們身體相近時，心靈卻隔遠了，曾經被距離掩蓋的差異在每天的生活裡顯露無遺。正是這種身心因素的反差使他們無法相互接納，心理距離越來越遠，讓他們變得更加心煩意亂，這造成了卓棋那種渴極生怨的「怨婦心態」。她需要龍的身體，卻排斥他的精神，在一起的時候雖放鬆了身體，卻覺得褻瀆了精神，他們難以獲得真正的愉悅，故在床上相安無事，下床後反目成仇，甚覺窩囊。

不和諧的、令人痛苦的婚姻是不人道的，拖得越久，身心損失越大，尤其是對於女性。卓棋的身心狀態就是長期拖累的結果。失敗的婚姻對孩子的傷害並不在於父母是否離婚，而取決於父母對婚姻的態度、如何解決婚姻問題。卓棋夫婦這樣的長期矛盾使孩子左右為難、無所適從，從害怕、恐懼，到習慣、麻木，最後導致他注重自我保護，淡化了父母親情。當一個孩子的基本（心理）安全受到威脅時，我們還能要求他什麼？他這樣的心態是可以理解的。

卓棋面臨的是一段無可挽回的破碎婚姻，她早該解決了。什麼時候才是離婚的最佳時機呢？不是一般的怒和恨的時候，而是冷漠到無動於衷的時候。怒是「怒其不爭」，恨是「恨鐵不成鋼」，憤怒和仇恨證明還有期待。冷漠到無動於衷，徹底麻木了，婚姻的基礎也就崩潰了。卓棋的悲劇在於她錯失了離婚的最佳時機，使自己陷入了被動。若在此之前的兩次時機中選擇任何一次離婚，她的境況都會比目前更好。破碎婚姻的拖延，只會使女性的優勢日漸減少，對其心理傷害更加嚴重。有些人習慣淪陷於痛苦中，把瑕疵當圖案欣賞，而這種畏縮、依賴只會使病態婚姻更加沉重，它使人放棄追求快樂的可能性與獲得親密愛情的權利，從而陷入持久的痛苦之中。

與其忍受無望的婚姻，不如挺身獨立，只有承受住獨立的陣痛，才有重建生活的可能。

憂鬱的離婚者

吸引他們的不是愛情，而是對愛情的渴望。對愛情懷有希望的人是有希望的，儘管他們只是以為在愛。

個案閱讀

猶豫的愛者

夢俠已經二十九歲了，是證券交易所的一個「獨立佳人」，不是她不想愛，而是感覺不到有誰可以讓自己心動。春天的時候，她認識了丁華，他是醫院裡的一個主治醫師。那時，他剛離婚，沮喪而落魄，不願正眼看人。也許是夢俠孤寂太久了，也許是他們之間有著太多的默契：一個是滿懷春情無以傾注；另一個是剛出圍城，自由了，卻更迷惘。他們之間的關係以無法想像的速度迅速推進。

夢俠正準備買一套小房子，想把自己安頓得好一點。丁華拿出了自己的積蓄，說是合起來可以買更大的房子，做個長遠打算。

眼看自己是越陷越深了，夢俠準備讓他交底，這件事將怎麼定局。若有誠意想一起過日子，他得決定什麼時候見夢俠的父母，而不是像現在這樣不明不白。然而要讓丁華給個確切的答案是不可能的，而要夢俠急流勇退也是很難的，於是夢俠來找我了。

夢俠是高雄人，憑藉自己的努力在公司當辦公室副理。她告訴我一些關於丁華的具體情況：他生活中處處不順心，當然更主要的是和離婚有關；他收入頗豐，可是工作讓他厭煩；他與妻子相戀八年，結婚四年，共同度過了艱苦的日子，但就在經濟上明顯好轉時，他忽然失去了愛的感覺；好不容易離了婚，他的心情並沒有好轉，反而越來越煩悶、焦慮；他自己也說挑不出前妻多少毛病，覺得她可以算是個好女人，可是不明白為什麼自己會如此厭煩她，因為無愛的婚姻實在太折磨人了，他提出了離婚……

兩個月又過去了，但丁華就是不談結婚的事情。「你究竟打算怎麼樣呢？」夢俠再也忍不住了。

「請再給我一點時間，我會給妳一個交代。」丁華似乎胸有成竹。

同居在新房，夢俠覺得自己越來越依賴他了，他的感覺也越來越好，只是仍然迴避結婚的話題。夢俠像妻子似的在他們的新居安排飲食起居，把丁華的一切打理得井井有條。可是每逢週末，丁華都會回去原來的家，那裡颳風下雨、風吹草動都牽動著他的心。他惦記自己的兒子也就罷了，還常常和前妻通話，那種關懷備至的感覺根本不像離婚的夫妻。夢俠的感覺糟透了，她下達最後通牒：無論結婚還是不結婚，都希望丁華儘早做出決斷，再這樣不明不白，她將重新考慮他們之間的關係。

當夢俠再來的時候，我建議她回去和丁華討論這樣一些問題：他究竟為什麼離婚，是妻子出了問題，還是他自己失去了愛的能力？

他為什麼不想結婚，是對自己沒有信心，還是對夢俠沒有信心？

假如結婚，他將以什麼來維繫婚姻，而不會像前次那樣沒有理由地逃避？

他害怕結婚嗎？為什麼？

生活中還有什麼是令他感到害怕的？現實中有什麼是他不堪忍受的？

按照我建議的問題路徑，夢俠和他坦誠交流。丁華坦述：他是害怕結婚的，到現在為止，丁華和他前妻離婚還處於保密階段，他們的父母家人、親朋好友無一知曉。雖然已經離婚，但是他被內疚感折磨，覺得對不起前妻，感覺自己像個無恥的賊，利用前妻的寬容嚴重地傷害她。他知道前妻是因為愛自己才給自己「解脫證書」的，他覺得自己一無是處。此外，他還有很多害怕的事情：他害怕看見前妻的憂傷、害怕看見夢俠的委屈、害怕看見兒子對自己的依賴……而現在他最想做的事是離這一切遠遠的，一個人躲起來獨居！

心理分析

衝突者的心理

透過這次談話，夢俠的焦慮更嚴重了，她被這種進退兩難的感情深深困擾著，對這樣的愛越來越沒有信心。夢俠說，他們在一起六個月時，丁華曾有分手之意，他對自己愛的能力沒有信心。夢俠當時非常痛苦，死去活來三個月後，好不容易掙扎著恢復了。沒想到他又回來了，說他自己實在難以割捨這份愛情，與其痛苦地分手，不如悲壯地愛一回！他希望夢俠再給他一次機會。失而復得的戀情給了夢俠更大的誘惑，心裡又燃起希望。但是，她現在真的覺得累了，她的信心正在迅速潰散。

這段時間裡，夢俠和丁華的前妻有接觸，感受到丁華前妻的痛苦，夢俠建議她來找我。但是丁華的前妻不想來，只是傳了封郵件給我：

我現在寫信給妳，也不知今夜我應該是什麼心情。我知道自己的適應能力，但是我也有兩面性。我對感情的需求量很大，當他告訴我他決定離開我時，我的內心真的非常失落。我沒有對任何一個人說過這件事，因為我想獨自承擔痛苦，不想給親人增添煩惱，可是我心裡的痛苦和壓抑無處釋放……

他說自己不知道如何面對當前的情境，我覺得他似有反悔之意。我想，假如他決定回來，我希望能和他一起把愛的感覺找回來……也許我能站起來重新面對，療傷的時間也不會很長。事情正在向好的地方發展，他問候的電話多了起來，每週兩次回家看兒子，對我們的生活也很關心，我的信心似乎又回來了。至於他究竟想怎麼樣，要由他自己決定了……

透過和夢俠的多次談話以及丁華前妻的郵件，我更加確信丁華是一個優柔寡斷、舉棋不定、經常陷入心理衝突的人，他的離婚其實是逃避。然而，等到和夢俠在一起後，他的衝突更嚴重了。他其實是依賴前妻、依賴家庭的，然而因為自己心理上的困擾，當他和妻子在一起時，他覺得索然無味。因此，他選擇逃避，但和夢俠相處時，他又對前妻懷著愧疚……無論做什麼，他的能量和精力都被內心兩種相反的力量消解掉了，這種狀態是病理人格。處於這種狀態中的人是極其鬱悶、痛苦的，而這種狀態常常是過分壓抑和逃避現實的結果。丁華為什麼會這樣子？他有什麼意外的經歷和難言之隱，這是我們需要破譯的密碼。

心理解碼　被什麼吸引？

吸引他們的不是愛情，而是對愛情的渴望。對愛情懷有希望的人是有希望的，儘管他們只是以為在愛。

透過夢俠的轉述，我知道丁華工作多年，自認為很努力，可是後來者都升遷了，只有他維持原狀，這好比逆水行舟，不進則退。從戀愛到結婚，他都是家中無可挑剔的公認的「新好男人」，這除了使他厭煩外沒有別的感覺，但是他不得不做模範丈夫，他不敢讓大家失望。還有令他最難忘的是，當年他作為班級模範生，是有很大希望被臺大錄取的，但因為學測失利，最後讀了次等的國立大學！時隔多年，這件事情依然讓他心有餘悸，他甚至想不起自己當時是怎麼熬過來的。

丁華確實是有一些令人不快的事，可是又有幾個人的人生是沒有任何波折的呢？值得我們探究的是丁華在心理上是怎樣處理這些困難的。面對和處理困境方式的不同，常常會造成截然相反的心理狀態和人生境遇。丁華對待這些挫折的辦法是把所有的失利都投射到外部世界和他人身上，認為是世道不公才使自己懷才不遇，同時他又委屈自己，想在各方面做得更好，以博得他人的好感。丁華的這種處事態度必然會造成他現在的心

憂鬱的離婚者

境：情緒長期低落，人格兩極分化：時而驕傲，時而自卑；時而叛逆，時而屈從。他始終找不到合適的心理平衡點，無法撫平自己的心態，情緒在兩個極端狀態中糾結。由於他的心理長期不平衡，當負面情緒累積到一定程度，便產生了破壞作用。

丁華是個聰明人，他的弱點是缺乏最後衝刺的膽略，當機會來臨時，他總是沒有準備好。比如離婚、結婚，比如當年學測，他似乎總被什麼東西暗示著，說自己不可能獲得想要的東西。我認為他的壓抑與他的過分低調和在意失敗暗示有關，甚至他的盲目離婚和反悔、再婚的猶豫和顧慮都和這樣的心理特點有關。他具有憂鬱症傾向，離婚和戀愛的反常表現只是他憂鬱心態的反映，憂鬱是其病根，所有的事件和衝突都是表象，都是他內心衝突和困頓、沮喪、憂鬱在外部世界的投射。

在某種意義上，夢俠其實只是丁華引爆積鬱的工具，是投射歉疚感的替代物。事實上，他們在主觀上對這份愛情都懷有戒心，都沒有全身心地投入。

在和丁華的相處過程中，夢俠明知他是不徹底的、有風險的，他很難擺脫往事的陰影，但她還是選擇愛他，當他的「保姆」，等待他全部投入。這裡面隱含著夢俠的受虐傾向，她期望這樣的受苦可以使愛情更美好。

貌似獨立的夢俠其實在愛情上是很依賴的，她是可以甩手離去的，但是她依賴這樣具有刺激性的、有風險的愛情，她希望透過這樣的冒險來肯定自己，然而她注定是個輸家，因為她是個追求挫折感的女性。

半個月後，我又接到夢俠的電話，她唏噓著說：「他終於還是走了，也許這樣的結果對我來說是最好的……」說這樣的話，可見她的心灰意冷。她向我描述了最後的心情：最後該做的就是結算他們為了結婚共同購買的房子。婚是結不成了，但是人要住進去，她寫了借據給他，說是等以後有錢了再還他。看著他把借據放進口袋裡，她覺得自己要暈過去了，不是為了債務，而是因為關係的變化——他們從情人變成了債務債權人！

婚外篇

人類文明史上重要的一頁是宣導和實行婚姻上的一夫一妻制。其本質原因是為了確保血脈的純正，以及私有財產的繼承。在某種意義上，男權的興起以及對女性的制約，在其本質上是對後代血脈、血緣的計較。對於男性，子女是否為他的血脈，無論是對他還是家族，關係都非常重大。除了關係財產、地位，還直接關係到自己生命延續的大事。所以血脈純正是古代男性的頭等大事，延伸出來的就是對女性的婦德、貞操的極端追求和控制。這樣，我們就能夠理解，為何男主外、女主內的封建社會傳統如此牢固。

當然，妻妾越多，子孫越多，所以達官貴人、財大氣粗者妻妾越多越體面，究其實質便是追求子孫滿堂。時至今日，婚外戀、婚外性已非為了孩子，可是男性性開放的本能卻延續了下來。如今的外遇，已經不僅僅為了子嗣，而是為了利益、為了情感、為了綜合需求。

外遇是一種現象，如何理解、如何面對、如何懸崖勒馬，是外遇者和外遇者家屬必須面對的現實。

究竟誰是「入侵者」？

衝突的出現顯示一個人與自己、與他人的關係發生了紊亂和失調。衝突的根源在於人所處的社會文化狀態與他的生活社會性密切相關，而不是生物性與動物性。

解決衝突的方法應該是立足於內心相互作用的各種因素，使受困擾的人認識並改善與自己、與他人的關係。

個案閱讀

在兩個男人間遊走

他四十多歲了，白襯衫、紅領帶、黑西裝的搭配讓我覺得他是一個心情壓抑的人。人們常在無意間以反差強烈、突兀跳躍的色彩，來表達自己的困擾情緒與渴望。

他自稱欣先生，是個生意人，有一家小型的印刷廠，還有一家中型酒樓，經濟上算得上小康，但個人生活亂成一團。他說：「那個女人騙了我八年。八年來，她一直說要嫁給我，卻拖了一年又一年。我恨她，可是又離不開她……」欣先生用手抓著亂蓬蓬的頭髮，無奈之情溢於言表。從他沒頭沒腦的怨言可以看出，他的心理困擾時日已久，且情況複雜。

欣先生年輕時便在某市場旁邊開了家中餐館謀生。在本該戀愛結婚的年紀，他無暇顧及感情而把全部精力投入了生意。當他的生意興旺，餐館變成了酒樓後，他才感到孤獨，分外渴望女人的溫情。他不是個風流漢，更不屑於「玩情調」之類的作為，一時也沒找到合適的人選為妻。欣先生把多餘的錢投資了印刷廠，雖無大盈利，收入卻也穩中有升。欣先生準備把主要精力投入印刷廠，便欲找一個合適的人選當酒樓的經理。在眾多的求職者中，欣先生一見那名叫小娟的女子便覺得她面善，簡單交流後，知道她曾當過酒樓的領班，便決定聘她為酒樓的經理。

小娟是那種典型的小家碧玉，飽滿、窈窕、活潑，笑起來露出兩排整潔乾淨的牙齒，人像夏末金黃色的雛菊，充滿了正能量又讓人覺得安慰。欣先生選擇她是很自然的事。

小娟是個可人的少婦，勤勉、自律。她言語不多，卻把酒樓打點得井井有條。比之其他經理，小娟又多做了一件事，每天親自燒幾道小菜，犒勞她的老闆。她知道欣先生無家無室、無父母無姐妹，是一個真正的獨身者，精心照顧他的飲食既是她女人的天性，也是對欣先生錄取她的報答。每當用餐時，小娟都離得遠遠的，盡量不去打擾。欣先生一人對著美酒佳餚卻難免倍感失落。他邀小娟入座，不能算作「陪酒」，只當是「餐桌會議」，聊聊酒樓的工作事宜。

誰也沒有刻意安排，然而，欣先生看著美酒佳餚和水靈靈的女人又怎能不生波瀾？小娟是個謹慎的、自律的女人，懷著對欣先生的感激，又怎禁得住對他憂鬱、焦慮、沮喪、沉悶情懷的牽掛……酒意微瀾，喜歡、感激、渴望漸漸地交織一起，把他們兩個扯入了情天慾海，同時也把他們拉上了情感的不歸路。小娟心甘情願地侍奉著欣先生，為他做飯、洗衣，為他鋪床、疊被、更衣，為他操持生意、管理店鋪。這種生活，不是家庭勝似家庭，不是夫妻勝似夫婦。他們日復一日地過著，忘記了外部世界，忘記了小娟原本的那個家。過了四十歲，欣先生想要孩子了，但小娟不可能為他生育，因為她已是別人的妻子。欣先生要小娟離婚，小娟也曾真的想離婚，可是她扔不下老實巴交的丈夫，還有像丈夫一樣憨厚的兒子。當年小娟來應徵時，正值丈夫也被辭退。小娟應徵後沒日沒夜地在外工作，丈夫在家父代母職照顧兒子，並兼做保全的工作。他的收入有限，靠小娟的薪水打理家務過日子，不知他對小娟情感與身體的變化是否有感覺，但他從不吭聲，默默地為妻兒做著他能做的一切。他越是這樣，小娟越是難過，她對丈夫懷著深深的歉疚。但回到酒樓，小娟又習慣性地去操持那個雖無名分卻是實實在在的

「家」。小娟萬般不忍抛夫棄子，卻也實難割捨這份工作、這份薪水及與欣先生的關係。於是，小娟經常生活在衝突與矛盾之中。

欣先生的心也變了，他早已沒有了「第三者」的內疚感。相反，看見娟回到丈夫身邊，他的心裡升起了一天濃似一天的妒意。最後，他提出：「妳再不離婚，我可要另娶妻子了。」欣先生真的去相親了，然而總是橫豎左右相不中，總算有一位令他有點「感覺」的對象，多約會了幾次。但是，小娟又不平衡了，每到關鍵時刻，小娟就會出現在他們面前或打電話給欣先生。這讓那個女人十分困惑：「她是你的什麼人？」他們的關係本來就勉強，經小娟一攪和，很快就分手了。欣先生責怪小娟從中作梗，小娟紅著眼說自己不是故意的，不知不覺就妨礙了他。也許是心裡不好受，小娟為責罰自己對欣先生說：「再過一陣子我就離婚，正式地嫁給你……」

欣先生對我說：「就這樣來來回回地折騰，現在我老了，她的錢也賺夠了，離婚的事提也不提。我想和她分手，可是我酒樓的經營離不開她，我吃飯也離不開她，我已習慣了她的廚藝……可是，我能一直這樣生活嗎？我連孩子也沒有，她害了我，她侵犯了我正常生活的權利。我很困惑，不知以後該如何生活……」

心理分析

彼此都是「入侵者」

也許欣先生是值得同情的，當然小娟的行為也可以被理解。然而，他們其實是可以生活得更合理一點的。他們為什麼會陷入如此困境？我們又該如何看待這些問題？他們該如何解決各自的問題呢？在探討這些問題前，我們首先要明白，究竟誰是「入侵者」。

欣先生認為是小娟不守承諾騙了他，侵犯了他的利益，是因為他站在自己利益的立場，站在自己的物理空間立場，才認為小娟是「入侵者」。假如我們撇開地理位置，以倫理或者法律的原則解釋，欣先生才是法定意義上的「入侵者」，是他介入了小娟夫婦的婚姻，造成了「一妻二夫」的情況。他們關係發展至此是多種因素綜合導致的結果。這種沒有協定的默契是建立在雙方物質和精神一定的需求上的。然而，經過長時間相處後，物質需求仍然存在，但是精神需求提升了，並已經到了嚴重衝突的狀態。他們之間原來的心理、情感、經濟利益已經在各方面相悖，平衡被打破了，問題也就呈現出來了。他們先是因職業關係而相識，欣先生因為小娟是個可愛的女人而錄取她，小娟因為被重用而心懷感激。被感激而激發的熱情遇上因為欣先生的殷勤而滋生的喜歡，雙方在心理上因日復一日地接觸而留下深刻印象。與感情同步發展的是雙方的經濟利益，小娟努力工作為雙方贏利。關鍵在於欣先生對這種關係有了依賴，他想娶小娟，而小娟無法再嫁，於是裂痕產生了。

心理解碼　兩性關係中的情與法

欣先生的信任與重用使得這種雙贏得以持續。多年以來，他們一個愛字也沒有說出過，但在酒樓經營、生活起居、心理情感上，他們相得益彰，達成了很深的默契，因此得以相安無事。但是，當經濟不成為生活的問題時，心理情感的需求便呈現出來。隨著時間的流逝，欣先生已不滿足於「第二丈夫」的現狀，他希望能娶小娟為妻。當他提出這種要求時，以往生活模式的平衡被徹底打破了，他們必須面對現狀做出合適的選擇。然而，直至此時，隱藏的扭曲與苟且被揭開了痂蓋，他們多年來過的其實是異化的日子。

我們是有著多種身分與角色的人，其中最重要的是法律賦予的權利與身分，道德感、價值觀皆由於法律的界定而產生。欣先生與小娟的生存狀態雖滿足了部分物質與感情需求，但違背了深層次的道德感與價值觀，他們的猶豫、矛盾、掩飾與不忍之心，皆是理不直、氣不壯之故。他們雖能明理卻難以行理，他們更多地受制於直覺與物欲，其結果就是人格、心理、情感的分裂與破碎，並經常處於衝突與痛苦之中。

欣先生與小娟皆處於困惑之中，他們是否想過那個「被侵犯者」在想些什麼。小娟的丈夫才是一個真正的「被侵犯者」，而小娟與欣先生在很多時候是「合謀者」。現在，「合謀者」有了衝突，「被侵犯者」反而作壁上觀。

好丈夫「出軌」分析

由屈從所累積起來的攻擊傾向是不可能永遠被壓抑的，它會在某時某地某個事件中爆發出來。

個案閱讀　跟蹤追擊……

兒子的老師從學校打來電話說兒子感冒發燒了。擱下電話，夏很為難，她是電視臺節目部經理，下午有重要任務脫不了身。於是，她與丈夫聯繫，希望丈夫能帶孩子去看病。丈夫是個律師，他說自己正在接一樁要緊的案子，實在抽不出時間。沒辦法，夏只能自己請假兩小時，開著車，著急地趕到兒子學校，又匆匆地向醫院駛去。

駛過了兩條街，車被紅燈擋住了，前面有人伸手攔計程車，兒子忽然叫道：「爸爸！」夏這才看清，那個戴眼鏡提著黑色皮包的男子是她的丈夫孟近。不知出於什麼原因，夏並沒有上前和他打招呼，等他乘坐的計程車啟動了，夏才踩下油門，尾隨丈夫乘坐的計程車，一路跟蹤而去。夏迫切地想知道丈夫在這個時候搭計程車要去哪裡。

孟近在超市門口下了車，走進去了，夏的車也停下了。兒子問道：「我們也去嗎？」夏搖搖頭，她的心裡非常矛盾，既擔憂兒子的病情，又實在不願錯過這難得的機會，可以從側面了解丈夫的行為。她有著一種直覺，這次街頭偶遇，可以解決她一直想弄明白的問題。

夏用手撫摸兒子的額頭，並不是很燙，看著媽媽左右為難的表情，兒子乖巧地說：「媽媽，我沒事，我們就等爸爸一會吧……」

孟近出來了，手裡提的、挽的、拿的全是廚房用品。「他買這些做什麼呢？莫非他……」想到這裡，夏的心裡咯噔一下，不祥之感籠上心頭，她更不願意放棄這個跟蹤的機會，只想把事情弄個明白。

孟近乘坐了另一輛計程車又上了路，夏一路跟著他到了一個新落成的社區內。計程車在一幢公寓前停下，不一會兒，一個女人走出大門，接過孟近手中的炊具，有說有笑地與他走進去了……

「他果真在外另起爐灶！」夏瞬間怒火中燒，氣血翻湧，恨不能衝上去鬧個人仰馬翻。但是，看著身邊驚恐不安的生病的孩子，她強壓怒火，掉轉車頭，載著兒子向醫院駛去。夏開車駛上了國道，她開得很快，超過了一輛又一輛的車。忽然，前面一輛車緊急煞車，夏猝不及防，她的車一頭撞在前車的尾部，車子變形了。夏被擠在駕駛座上，她看著玻璃窗上的鮮血，硬是說不出話來，只聽見兒子急促地喊著媽媽，幾秒鐘後，夏昏過去了。幸好十歲的兒子沒有受傷，他急速地從母親的包中取出手機，撥通了父親的電話，告知他們發生了車禍，然後又打給救護中心，請求救援。當孟近趕到現場時，警察與救護車也差不多同時趕到。夏被送進醫院搶救，夏的娘家人來了，公司裡也來了人，孟近與兒子都守在床邊。當夏逐漸恢復知覺，能識別周圍人說話的聲音與內容時，她還一動也不動地維持昏迷的姿態。她不願意睜開眼睛面對這真實的世界，她實在沒有勇氣承認她看到的畫面——丈夫與另一個女人在籌建一個新家。這個殘酷的事實像一個殺手，摧毀了她生存下去的意志，那場車禍貌似偶然，可是又有誰知，那也許是她潛意識裡的死亡衝動占了上風，以汽車為工具，讓自己支離破碎。但是，可以肯定，這絕不會是她故意所為。身為一個母親，她可以自己赴死，卻絕不會有意危及兒子。

夏終於睜開了眼睛，因為她確實還活著。車禍散發了她鬱結著的強烈的負面情緒，也改變了她原來的生存狀態，她平靜了許多……

心理分析　不平等的關係

夏是將軍之女，在大學時就是個引人注目的「孔雀」，男生們對她會情不自禁地生出敬畏之心，因為她實在無可挑剔：漂亮聰明、成績優秀、人際關係和諧。在讀碩士時，孟近是她的直屬學長。用他的話來說，自從見了夏，他的心便失去了自由，注定要為贏得夏的心而受苦。孟近為陪伴夏，又繼續讀博士，而他的愛與無微不至的關懷使得旁觀者也感同身受。他對夏的呵護，直接感受的只有夏一個，受到感動的卻是一批人。女生們無數次夢想：假如能有孟近這樣的愛人，此生無憾。在女生們看來，有哪一位男子能做到每天替女友收下晾出的衣服，並折好放在床邊；又有誰能做到常替女友按摩因穿高跟鞋走痛的腳踝和腳底，何況他是一個博士。

隨著時間的流逝，他們的感情日漸升溫，在完成學業以後，他們步入了婚姻的殿堂。他們的婚禮與畢業典禮是一起舉行的，在同學們真誠的祝福下，他們開始了家庭生活。

生活就這樣開始了：夏是家庭中的女王，孟近是愛情的僕人，為了履行愛的承諾與義務，他一如既往地微笑著，滿足夏所有的願望。這個家，從家具的款式到掛鐘的位置，事無鉅細全是夏的主意，而夏心滿意足之後燦爛的笑容與她的「做作」，就是丈夫最大的收穫與回報。不久，他們的兒子出生了。到了兒子上國小的時候，夏幾乎把自己所有的情感與精力都投入到了家庭與兒子身上，同時也沒冷落丈夫，她精心為他購置服飾，選擇每一條領帶與每一雙襪子，而丈夫在照顧家庭與愛情的同時，努力開拓事業，成了一個頗有建樹的律師。時間在流逝，愛的形式沒有改變，成雙成對，鮮花禮盒、名牌服飾、滿意的笑容……

夏是一個自律、要強、理性的女人，她曾用微笑與好言好語征服了一切，卻在孩子的教育上苛刻求全。一天晚飯後，她又在「教導」孩子，慷慨陳詞，越說越激動。忽然，孟近從臥室衝出來，大聲地對夏吼道：「妳吵什麼？天天這樣，這日子還過不過……」

夏與兒子都驚呆了，夏從未看過丈夫這樣激動，等她清醒過來後，顧不得兒子在場便哭鬧起來：「你為什麼要這樣對我……」

「我對妳還不夠好嗎？妳還要怎麼樣……」

爭吵沒幾個來回，丈夫一甩手衝出去了，整整一夜未歸。

夏徹夜未眠，她一下子墜入深淵，眼前一片黑暗，胸中一片空白，不知道為什麼會這樣。第二天，孟近打來電話，說他想暫時住在公司，過幾天清靜的生活，那堅決的口氣沒有商量的餘地。從那時起，他雖隔三岔五地回家，卻拒絕與夏探討離家的原因。夏找了他們共同的朋友來調解這莫名其妙的糾紛。朋友們聽了夏的訴說都對她深表同情。可奇怪的是，當他們聽了孟近的講述後，便站在他那一邊，對夏的請求保持沉默，採取了中立態度。這讓夏困惑不已，甚至令她恐懼，這也預示著她對未來生活的走向失去了控制。夏極其痛苦，三個月後，跟蹤和車禍發生了。

心理解碼

角色面具下的真實……

在人際關係中常有這樣的情況：從表面看來，兩人關係親密，可是兩人的動機與對這種關係的感受完全不同，當這種關係對其中一人失去意義（利益）時，這種關係便會被破壞。在人們的眼中，夏與孟近是親密夫妻，夏本身對這種關係也是頗為滿意的，可是在孟近的心中，對這種關係的理解與感受卻是另外一種樣子的。多年以來，他基本上是按照人們對他的期望、夏對他的要求配合著他們，扮演了一個模範丈夫的形象。他的矛盾在於他以為自己是愛妻子的，他以為自己是很幸福的，可是他時常覺得空虛、無聊、冷漠，缺乏激情。他的痛苦在於從各方面來看妻子都是優秀的、能幹的，是公認的好妻子，相夫教子，賢妻良母，為他安排好一切。可是他內心裡又常嫌她俗不可耐、虛榮、逞強、專制、控制欲強烈。她用溫柔的蠶絲捆綁了他的手腳，用愛作為工具卸下了他的武裝，用犧牲作為誘餌讓他做了感恩的奴隸。他覺得「自我」正在一點點被吞噬，意志正在逐漸被瓦解，自己幾乎成了妻子「愛情機器」中的一個零件……在這種被蠶食的過程中，他的自主意識與獨立意志終於甦醒過來了，並植根於他的心裡。假如說當年孟近做模範丈夫是由於他的需求驅使，如今這種角色已令他壓抑、厭煩。當這種負面情緒累積到一定程度的時候，一個小小的事件便可引爆這顆炸彈。更何況，當另一個女人向他「進攻」時，他的這種「甩手而去」的行為便是可以理解的了。

孟近離家之後，夏懷著萬分委屈的心情找了他的親戚朋友、家人與主管，一次次地為自己喊冤，一次次地訴說丈夫的無理與不道德，昔日「溫良恭敬讓」之態一概不見了。她本就是說一不二的人，順從了她一切皆好商量，違背了她則要鬧得雞飛狗跳，而這種衝突無疑加速了夫妻關係的破裂。

這場事故折斷了夏的腿骨，壓碎了她的肋骨，夏的家人卻沒有一句惡語，他們希望經過此事能夠令孟近回心轉意，感恩圖報。面對這四面楚歌，他屈服了，承諾「不提離婚」，悉心照料妻子、耐心輔導孩子，心情已經不再那麼壓抑。因為從此他可以呈現自己真實的心態，不再扮演他所討厭的角色。

在夏住院的日子裡，孟近最初來得很勤快，但越往後便越是疏淡。夏雖討得了一個「承諾」，卻再也找不回那個「愛情奴隸」，即便如此，她還是「寧為瓦全，不為玉碎」。

又一個問題家庭產生了，他們今後生活的冷漠是可以想像的，但夫妻在冷漠中維持各自的獨立，卻比在虛偽與假裝中生活要好許多。

假如我們能夠剝去附加在婚姻外殼上的虛榮心與內在的掠奪心，從而使婚姻這座圍城成為輕鬆、自由、舒坦的家庭花園，我們的生活品質將會大大提升。

「聰明女人」和「笨男人」的較量

「聰明女人」總是嫁給了「笨男人」，因為「笨男人」是她們的舞臺，可以讓她們任意表演……

個案閱讀　偶然發現的意外情況

在鈴的心裡，丈夫仍是當年那個唯她是愛的不苟言笑的傻小子，而她還是那個人見人愛、聰明漂亮的「白雪公主」。當初鈴的父母怎麼也不同意他們戀愛，而鈴為了回報他的愛情，中止了大學學業和他私奔，他們從愛情的天堂一下跌落到了生存的危機線上。整整十年，他們攜手創業，直到今天有了自己的公司，事業有成。在這十年中，丈夫一直把她奉為心目中的女王，而她目不斜視，全心全意地扶持他的企業……

那天她回娘家，丈夫說晚上在板橋有應酬，讓她晚飯後自己回去。可是那天鈴正巧接到小學同學小芳的電話，小芳知道鈴在母親這裡，便從很遠的地方趕過來，就為了痛快地聊天。過了晚上九點，鈴想讓丈夫開車過來送小芳回家。鈴想讓丈夫猜猜是誰，就用小芳的電話撥通了丈夫的電話，只見小芳剛「喂」了一聲就皺起眉頭沒有聲音，而後才聽她說：「你知道我是誰嗎？」

鈴接過電話，丈夫說：「我今天會弄到很晚，妳們自己回去吧！」鈴有些不快，他從來都是順從的，沒想到今天自己遇見稀客，他也不願理會。小芳說：「奇怪，他並不知道是我啊……為什麼我才『喂』了一聲，他就說『我要晚點到』呢？」小芳似乎有所感覺，可是她又不敢相信，誰都知道鈴和丈夫的婚姻是最美滿的。小芳自言自語地說著，鈴的臉色卻變了，她強壓著心頭的慌亂，鎮靜地說：「既然他不來，我叫計程車送妳。」

送走了小芳，鈴覺得自己在發抖。她是何等聰明，丈夫「我要晚點到」這句話，說明他今晚將和一個女人約會。顯然，他把小芳當成了那個女人。鈴讓計程車送她到板橋，站在一家酒吧門口，她立即打電話給丈夫，問他在哪一家餐廳應酬，她馬上就到。丈夫的口氣很慌亂，他說原先預定的餐廳訂不到座位，他已經和客戶改約中山站附近的飯店。鈴急忙趕到中山站，盡力保持平靜的口氣，打通丈夫的電話後說：「喂，我在中山站了……」

事實上，他並不在中山站，再追逐下去已經沒有意義，鈴終於證明了殘酷的事實，丈夫背叛了他們的愛情。那一晚，鈴站在社區門口的交流道下，眼巴巴地等待丈夫回家。她的心裡像是塞了炸彈，隨時要爆炸，她現在唯一的心願就是快點見到他，她有太多的話要問他。午夜時分，汽車一輛開得比一輛快，在清冷的秋風中，鈴望眼欲穿，就是沒有看到他的影子。看著路燈光映照出的自己的身影，鈴流著眼淚，想弄清楚他們之間究竟發生了什麼。那天晚上，直到數完了整整一百輛車，仍不見他歸來。深秋的風把鈴的臉吹得麻木了，鈴的心一直有被割裂的痛楚，但是鈴還是回家了，她不放心家裡五歲的兒子。此刻，只要他出現在眼前，她甚至可以不計較他做過什麼，一向剛強的鈴失去了自信，只怕他今夜不回家。凌晨兩點三十五分，丈夫終於回來了，鈴突然失聲痛哭，丈夫拉長著臉，不知說什麼才好。

「我沒有做什麼，我真的沒做什麼，我只是一般的生意應酬而已……」

「你敢發誓嗎？」

「假如我騙妳，那我就不得好死！」

「再發個誓，假如你騙我，那我們的兒子就不得好死！」丈夫的臉上暴出了青筋，他咽了下口水，對鈴吼道：「妳別太過分了，我不許妳詛咒我們的孩子……」

在鈴的再三盤問下，丈夫終於承認，他約會的女人就是那個曾經在他們公司工作的員工，就是那個因私吞貨款被發現而被開除的小紅。

心理分析

兩個「聰明女人」的心思

鈴現在想起來，丈夫最近晚歸的次數很多。丈夫說小紅是在兩個月前找到他的，她說自己是被冤枉的，那筆錢並非她故意私吞，而是被她遺忘的。被迫離開公司後，小紅一直沒有工作，她說想了好久，才終於下定決心與丈夫談一談。

小紅說，自己以前是在同一個行業的另一家公司上班，因為常常聽見老闆說起鈴的能幹和丈夫對愛情的忠貞，心裡很羨慕和敬佩。懷著這樣的心情，她才辭去了那份工作，到這裡來，她想知道他們怎樣合作、怎樣相愛。假如不離開這裡，她就不會說出自己的心意，她認為自己不適合評論他們；現在沒有勞資關係了，她才可以一吐為快。那天小紅還對丈夫說：「你們是好夫妻，但是你很壓抑，被愛情捆住了手腳，這樣會延誤企業發展……」

丈夫很震驚小紅有這樣的膽識，感懷她有這樣的見識，憐惜她是個人才又沒有工作，就提出幫助她創建一個公司，然後用經營的利潤還貨款。近幾個月來，他都是從小紅那裡進貨，這樣他們不但有業務合作，還可以經常見面聊天。

「你動心了，你相信了嗎？你怎麼知道她不是在意你的錢？」

「她沒有這麼大的膽量。」

「她的膽量是你給的，你在暗示你對她感興趣，你敢說沒有碰過她？」

丈夫沒有言語。鈴步步緊逼，說：「她說什麼敬佩和羨慕，其實就是愛情間諜和復仇女魔。她到你這裡討同情，結果就是一箭雙鵰，離間了我們的感情，以洩被開除之恨。」

鈴知道丈夫的性格，光給他壓力並沒有用，而是要給他證據。她要用事實告訴丈夫，除了自己以外，沒有人能夠像她那麼愛他、在乎他。

不用去問丈夫，鈴就找到了小紅，約她到茶坊，鈴開門見山說知道了他們之間的事，並問她：「以妳之見，妳和我老公之間會有結果嗎？」

小紅的頭搖得像撥浪鼓，說：「妳是我見過的最有魅力的女人，我從沒有想過和妳競爭。我和妳老公的來往，不過是想取得他的同情，混口飯吃罷了。」

「痛快，我就喜歡妳這樣的性格，我會成全妳的……」

鈴讓小紅開個價，條件是從此以後她與丈夫永不往來，那麼之前的事就一筆勾銷。

「三十萬怎麼樣？」

「我再幫妳加到一百萬！」鈴脫口而出。

「不好意思，我虧欠妳太多了。」小紅真的有點感動
「沒有什麼不好意思，妳是有理由提條件的，我老公碰過妳了……」
小紅似乎默認了，鈴沒有去追究丈夫是真的「碰」了，還是小紅為了錢而默認，但是她要求小紅簽一張收據，斷絕和丈夫的來往。

為了消除丈夫的心病，鈴把小紅寫下的一百萬元收據拿給他看。沒想到丈夫看了後大聲地責罵鈴：「妳以為自己多能幹？妳有權力把我們的錢拿去送人嗎？妳送了錢給人家，還抹黑自己老公。對，她是走了，但我和她本來就沒什麼事，讓她白白撿了便宜……」

心理解碼　愛情使「聰明女人」變笨、「笨男人」變聰明

無論丈夫怎麼說，鈴都沒有意見，只要小紅離開他就好。鈴用錢消除了危機，但是讓她痛苦的是：小紅走了，丈夫的心並沒有回來。他變得更消沉了，整天無精打采，靈魂出竅似的，常常一個人發呆。鈴明白丈夫是動真情了。現在，鈴考慮的是自己是否還應該像從前一樣愛他。不愛他，鈴做不到；愛他，鈴不甘心。鈴仍然很痛苦，她不知道

自己為什麼失寵，更不知道怎樣才能挽回他的心。

這是一個「聰明女人」和「笨男人」的故事。「聰明女人」往往被「笨男人」吸引，「笨男人」是「聰明女人」的舞臺和園地，是她們展現聰明、揮灑能量的背景，這樣的婚姻可以任由她們發揮和表現，而她們渴望得到的是控制的快感和被感激的欣慰。在結合之初，他們都很快樂，「笨男人」省心省力，「聰明女人」盡情盡力。但是，平衡很快就被打破了，「聰明女人」越來越喜歡控制，「笨男人」越來越感到壓抑，再笨的男人也不願意被支配、被「優待」，他們更習慣過自己的笨日子，而不願意被女人控制。整個婚姻的過程就是「笨男人」在「聰明女人」無所不能的庇護下慢慢地變聰明，他們的男性意識開始覺醒，他們更願意去庇護比他們更弱小的女人來反抗「聰明女人」的干預。這是一個漸變的過程，也是潛意識轉換的過程，等到這種心理轉換完成，「聰明女人」發現「笨男人」行為上的變化時，也許為時已晚。到這時，男女在氣勢上開始逆轉，「笨男人」還是聽話的、溫順的，但是他的心裡已經有了「聰明女人」無法探知的內容，也許她永遠不會知道「笨男人」真實的心理感受……

「聰明女人」越來越低聲下氣，產生了不安全心理，她們由愛情的主人變成了愛情的乞求者。「聰明女人」像媽媽那樣培育了「笨男人」，當「笨男人」變聰明時，她們自己就變「笨」了。鈴是真夠「笨」的，白白花了一百萬元，為自己買了個「笨」名聲。雖然她「笨」，可是丈夫「聰明」了，他察覺到自己的能力和魅力，他開始控制「聰明女人」的情緒，鈴就是想逃脫也做不到。

鈴覺得自己有點像《茶花女》（*La Dame aux camélias*）中的阿芒父親，用錢買斷了茶花女的愛情，不同的是那邊是正常的愛情，這裡是曖昧關係。小紅會否會像茶花女那樣履行承諾呢？其實她們之間沒有可比性，她們的動機是完全不同的，茶花女是為了愛情而承受，小紅則是因為錢或者也是愛？這樣想下去鈴的心理又會失衡，她強迫自己到此為止，勸慰自己：走一步算一步吧！但是她告訴自己：「絕不放棄自己的權益和自己的家。」

年輕媽媽的情感危機

經過戀愛巔峰感覺的反差，婚姻的瑣碎和磨合的艱難使年輕媽媽特別不耐煩。她們是「辦公室愛情」的主角，哪裡有亮光，她們就去哪裡；沒有亮光時，她們可以創造亮光……

個案閱讀　與「外戀」分手

那天我去的公司是我們機構心理服務的簽約對象，人力資源部經理已經事先把這個消息通知給員工們。我那天提供的是個案服務，員工按照約定的時間前來諮商。就在那時，我看到了唐小姐的那雙眼睛，透著不安的光，燃著焦灼的火。唐小姐是一個靈秀而豐潤的少婦，分外躁動並流露著明顯的盼望。唐小姐是我第一個談話對象，她羞澀且有些緊張。從她絮絮叨叨的訴說中，我知道她是臺南人，在臺北讀完大學後，應徵上了這家公司。短短五年內，她戀愛、結婚、生子、升遷，把人生大事全部搞定。她的丈夫是

年輕媽媽的情感危機

某研究所的工程師，雖然薪水不高，但他很熱愛自己的職業，一心撲在工作上，其他什麼都不在乎。

女人都害怕自己不再愛丈夫，所以在正式談話前，她們常常向我說明：「我很愛我的丈夫，可是不知道為什麼，我又總是身不由己地被別人誘惑……」這位美麗又聰明的唐小姐吞吞吐吐說出來的，竟也是這樣的話。她的丈夫只知道工作，孩子只有兩歲，正是讓人煩心的時候。唐小姐的工作很忙，像一顆陀螺整天轉個不停，情緒越來越煩躁，看什麼都不順眼……她說了很多瑣碎的事。臨近結束時，她忽然說，她最近暗戀著公司的一位工程師，他很帥、很陽剛卻又很溫柔，是個單身的年輕人。不知道他是否看穿了自己的「心事」，而她看見他就害怕、緊張、不安。除了心中的小祕密，唐小姐不知道自己究竟要什麼、該做什麼，她的心七上八下、一片茫然。然而，我看見了她臉上寫著的「痴心」，那是一個中了「愛魔」的人才會有的恐慌的表情。那天唐小姐向我訴說她的境遇，也訴說了自己的情感煩惱。

再次見到唐小姐是一個月以後，她前來我們機構諮商。我已不見上次她展現的靈動、機敏、熱切、興奮的特徵。她仰起的臉上似有淡淡的淚，羊脂玉般的臉上浮現的竟是深深的憂傷。她說自己陷入危機之中，所以需要緊急援助。在現代社會，一個月足以使美麗的愛情故事從誕生走向終結，唐小姐究竟遭遇了什麼？是上次故事的延續嗎？她輕輕地搖著頭，喃喃自語：「太殘忍了，他怎麼可以這樣對待我……」

一個月內，唐小姐終於還是讓那個很帥的「大男孩」知道了她暗戀他的心。她不懂，「大男孩」是不能惹的，他們和「大女孩」一樣，遇到目標往往產生兩種極端心態：不是恐懼退縮，就是「揭竿而起」、忘情投入。唐小姐的心思簡單得像玻璃球，體態豐腴得像芝麻湯圓，讓人看著就覺得甜，加之她對「大男孩」的青睞，在他面前的巧笑嫣然，「大男孩」的心中像有隻小鹿似的，經常怦怦地跳個不停。他有些失態了，而她更痴迷，持久積壓的情愫使得他們迅速排除了阻礙他們實現愛情的心理和外部的不利因素，結合了……

子夜時分，唐小姐萬般不忍地離開了「大男孩」的住處，她的心被撕成了碎片：因為對愛的感激，因為對分離的不忍，也因為對道德的褻瀆……

可是，他第二天就變臉。第二天，當唐小姐戰戰兢兢地走進辦公室，驚慌地把目光投向他，卻發現他根本沒有任何表示，始終沉著臉，沒向自己看一眼。唐小姐的心涼到了冰點，像刀割般地痛著，好不容易忍到了晚上，她躲進自己的房間打電話給他，持續打到晚上十點左右，可是他一直不接。唐小姐瘋了似的坐上計程車趕到他的住處，看見他的房間亮著燈。她想衝上去，但是她不敢，她怕自己會失態，驚動他的父母，她更怕一旦闖進去遇見另一個女人，自己會暈過去。站在街口，她心亂如麻，星光都支離破碎了，她不知所措，忽然，房間的燈光滅了，唐小姐似乎真的感覺到那裡有另一個人，她失去了最後一點衝上去的勇氣，轉身又叫車回家了。

那夜，唐小姐沒有到丈夫的房間，而留在了自己的房間，持續打電話給他。凌晨一點、兩點、三點……天將破曉，電話還是沒人接，唐小姐再也不存希望。她放棄了，躺在床上，眼淚浸透半個枕頭。

第三天，唐小姐和他都沒來上班，同事們很驚訝。又過了三天，公司舉辦戶外活動，「大男孩」帶了個女學生模樣的女孩來。唐小姐說，她不知道自己是怎樣熬過了那一天，她認為他不但無情而且惡毒，故意帶個女人來羞辱自己，他原本一直說他是沒有女友的。

唐小姐哭得很傷心，她說自己其實連哭的地方都沒有，再憋下去，她的心就要爆炸了。

「為什麼他會突然改變？為什麼他要如此殘酷地對待我？難道我的判斷徹底錯了，他從來就沒有愛過我一點點？我曾經許多次看見相聚時他的喜悅和離別時他的惆悵，曾經親耳聽見他說『愛』字，可是這一切為什麼全變了……」

年輕媽媽的情感危機

心理分析　在危機中成熟

那一天，唐小姐確實處於危機中，情緒很激動，不宜繼續探討。我又提了一些問題，等她平靜一點，就結束了輔導。我了解到他們在發生了性關係後通過電話，唐小姐曾問他：「我愛你錯了嗎？」他回答：「愛沒有錯，可是為什麼是我？」「為什麼是我」這句話很清楚地洩露了他的心態，它的潛臺詞可能是「這麼倒楣的事為什麼偏偏輪到我」。可是唐小姐說她的感覺不會錯，她確信他是真的動心了。在捷運站分開時，她曾經看見他很失落地撫著後腦勺，揮著微微顫抖的手……但當她把自己奉獻給他，他卻變了心！想到這個人曾經看見過自己赤裸的身體和赤裸的靈魂，她就不敢去上班。接連幾天，他來了，她就逃；她出現了，他也迴避。必須會面的時刻，他做出面無表情的樣子，她一直低著頭。分手不過十幾天，唐小姐瘦了很多，為這突然塌方的愛情焦灼萬分，最痛苦的是她始終不知道這究竟是為什麼。

我問唐小姐他們的性怎麼樣。唐小姐告訴我，她懷疑他是「處男」，動作很笨拙，她幾乎沒什麼感覺。

我相信，他們的性是不很成功的性，這挫敗了他的愛情自信。他既沒有好感覺，又

「丟人現眼」，他的沮喪和懊惱是可以想像的。他對唐小姐越「殘忍」越顯示他的強烈挫敗感，沒有能力包裹自己傷口的人才會把痛示人。我懷疑他對唐小姐的愛究竟有幾分，也許是青黃不接的消遣，也許是半推半就的順水人情，也許根本就是一場遊戲。他的「翻臉」說明他覺得自己受到了傷害，也說明他愛得不深。唐小姐痴心不移，是她需要他。他們在這份感情中的動機和狀態是不一樣的，所以對這份關係的態度完全不同。

唐小姐同意我的說法，確實是她先招惹他了。可是無論怎麼談，唐小姐都還是不解恨，因為她現在還喜歡他！她甚至希望他們的愛和性能夠有結果，假如她懷孕了，她至少可以以此嚇唬他。

唐小姐其實知道這是一份不會有結果的感情，而且幾乎是單向的訴求。但是身處充滿壓力的生活中，情緒的壓抑需要劇烈的刺激來紓解，在利益、倫理和心靈困頓的衝突中，她是本能地跟著感覺走，選擇了「出軌」。她最終接受自己的行為是非理性的，也願意努力調整自己的心態來面對未來的生活。

心理解碼　挑戰寂寞和壓力

人類的性是一個很敏感、很複雜的測試系統。在發生性關係之前，人們互相吸引、互相趨近，而一旦有了實質關係，有些關係錦上添花、如魚得水，有些關係則會讓彼此發現距離，因而重新考慮如何相處。性是人際關係、感情密度、生理適應等方面的綜合反映，性反映出的內容很值得重視，它不是技巧性的，而是精神性的。那個「大男孩」的態度顯示了他對唐小姐愛得不深，而他自己並不知情，所以才有了那樣的「錯誤」。在這段關係中，主動的始終是唐小姐。不僅是唐小姐，像唐小姐這樣事業有成的年輕媽媽「出軌」並非偶然，導致她們「出軌」的原因通常有以下五個：

◆ **戀愛高峰的反差**：經歷了戀愛的高峰經驗，進入到繁瑣的婚姻，不僅有家庭成員的磨合，還有自己心理上的適應過程，從娘家到婆家不是一個簡單的空間移動，而是身分和角色的轉換，所以會產生很多叛逆情緒。在這樣的特定時期，有些年輕媽媽用「出軌」來減緩婚姻磨合期的焦慮。

◆ **工作上承受的超高壓力**：事業成功往往意味著身體超負荷運轉，常常有些三十歲左右的女性訴說，下班回家在計程車上就睡著了。這不僅是因為工作勞累，也是因為高度緊張的、微妙的人際關係的困擾。

◆ **瑣碎的家務勞動**：許多成功女性從事著公關和銷售的工作，她們經常在外奔波，連孩子都顧不上，即使在家，也因為時間不固定難以請保母，沉重而瑣碎的家務是她們疲累、委屈的主要原因。

◆ **夫妻感情趨於淡漠**：三十歲左右是青年夫婦的第一次婚姻膠著期，夫妻關係看似平靜，實際上有不進則退的潛在趨勢，而一部分女性無法忍受情感上的寂寞。所以，日漸變得麻木的婚姻是促使她們尋求婚外情的主要原因。

◆ **性愛處於荒蕪階段**：三十歲的男性正是事業上升的關鍵階段，他們可能忽視了性愛，從而冷落了妻子。並且，他們的性指向常常帶著緩解焦慮的意義。同樣是性，他們的妻子往往感受不到戀愛時的甜美，因而覺得壓抑。感情處於壓抑和飢渴狀態的年輕妻子，渴望透過愛情緩解壓力，渴望透過婚外性啟動精力。在這種狀態下，她們很容易成為「出牆的紅杏」。

也許這樣的建議更應該對年輕的丈夫們說，他們不應該只顧著自己的事業而使妻子的感情荒蕪，孤獨地跳著愛情舞蹈。婚姻品質重在時時維護，而婚姻的開始意味著風險和責任同時開始了。年輕的妻子們要先學會協調生活，感情、家庭，甚至工作也僅僅是生活的一部分。最大的利益是綜合利益，假如圖一時之快，放縱自己的感情、慾望，換來的也許就是綿綿不絕的傷感和憂愁。

痴情和負心

失戀的女人絕望地以為，自己被男人欺騙，然而在很多情況下，她們只是受了愛情幻覺的蒙蔽。

個案閱讀　被愛慾控制……

她慌慌張張地撞進門，大口大口地喘氣，眼中飽含著淚水。雖然已經是諮商中心下班的時候了，可是因為她的情況緊急，我仍然留下來接待了她。

「我怎麼也料不到自己會捲入婚外戀的漩渦中，既然自己選擇了『地獄』，我也無話可說，只能受此煎熬。但是，我覺得自己已經被他殘酷地拋棄了……已經整整四天了，他收到了我的『警示信』卻若無其事。我的心好痛，恨不得去死，也恨不得他死……」

她曾是一名演員，嫁給做生意的丈夫之後，便告別舞臺轉行當了一名音樂老師。富裕的物質生活與良好的家庭環境使她性格開朗，然而她的心因為丈夫常年外出而落寞。

在她這樣容易寂寞的年齡，不安分的心伸出了敏銳的觸角，在她的期待中，他出現了。他四十歲左右，矜持、自律、沉默寡言，是她所在的教學研究室的主任，也曾是一個樂隊的指揮。情魔已使她神魂顛倒、不能自已，毋須她特別暗示，種種情態都明白地傳遞著心中的祕密。這一切都被熟諳人情世故的他準確地接收到了。主任「把握住時機」，與她愛得天昏地暗。此後他需要做的，不是怕她逃脫，而是竭力與她保持距離，以免引火焚身。偶爾，他流露一些情意，被慾火燃灼的她便迫不及待地投入他的懷中。有時，內疚湧上心頭，她也會責備自己，但是頃刻之間，她又重新回到狂熱的狀態中。她顧不上考慮家庭、孩子和丈夫，只沉浸在愛的幻境中。因為丈夫工作繁忙，她處於性和情飢渴的狀態，這使她的想像力很發達，被她「美化」之後，他幾乎是完美無缺的，而他對自己的愛也是至聖至純的……

為了這份想像中的完美愛情，她幾乎瘋狂了，她甚至在丈夫回家的日子，忍不住思念之情，躺在酣然大睡的丈夫身旁，悄悄地和情人傾訴思念。她這裡如火如荼，可是矜持的他已經被她溢於言表的熱烈和眼睛裡燃燒的愛火嚇得屢屢後退。在幾次旁敲側擊，甚至是鄭重聲明要她注意保密，而她毫不在意之後，他終於與她保持了更遠的距離。他開始忽視她的存在，不再與她約會，拒絕接她的電話。這突然的冷卻使她如遭電擊，也使幻覺失去了依存的基礎，更使她痛不欲生。在極度的焦灼憂慮之中，她寫了一封信給他，作為「最後通牒」：

……我也知道自己不可能成為你的「主餐」，但我仍然愛你。我不求地久天長，只求曾經擁有……可是，你棄我如敝屣，一點也不在乎我的感受。我們同室相處，我哪裡受得了這樣始亂終棄的行為。我在精神上極其痛苦，可是你視而不見、麻木不仁。雖然如此，我也不恨你，只是失去了活下去的勇氣，我不知道怎樣面對已經不再愛我的你和被你拋棄的自己……

好不容易寫好了，她把信拿在手裡捏了半天，咬著牙塞進了他的抽屜，她覺得自己把命運投進了暗箱，她是在拿自己的尊嚴、名譽，甚至是生命在冒險。她已經做了，就沒有退路了。

已經整整四天了，他毫無動靜，她因此陷入危機之中。她覺得自己被欺騙、被愚弄、被拋棄，她發現自己在他心中毫無價值，她憤怒極了。

心理分析　男人的理智和女人的衝動

這個讓她痴情的男子，在現實生活中是一個非常普通的人，當他接到了她求愛的訊息後，便不動聲色地把她占有了。他是一位世俗中人，她卻愛慾旺盛、簡單天真，單憑這些，就極大地滿足了他的虛榮心。這突如其來的豔遇使他覺得自己是一個有魅力的男子，因而充滿自信。這種自信使他忘卻了謹慎做人的原則，鋌而走險，冒著極大的風險，一腳踏入婚外戀的是非圈。對於一個成熟的男子而言，比起家庭、孩子與事業，這種可能要付出代價、打破平衡的「愛情遊戲」是非常不值得的。他天生精明，明白女人衝動過後會是什麼樣的情景，因而更願意保持現有的平安與穩定。正是藉著這樣的「聰明」，在她陷入瘋狂的愛慾之中時，他及時向她提出了注意事項：要學會控制自己的情緒，不要在外人面前有些許流露；沒有特別的事不要打電話給對方，免得引起配偶的懷疑；他們可以是情人關係，卻不能影響婚姻穩定。

他是個精明的人，可以把這些事情做得天衣無縫。可是對她來說，壓抑激情、裝出漠然的狀態卻實在痛苦。因此同事一起出差，每人一個房間，夜深人靜之時，她便去了他的房間……匆匆忙忙，臉紅未消，心跳未緩，他卻一定要讓她回自己的房間。她本是一個任性的女人，並不如他想要的那麼「乖」，她捂著發燙的臉背靠著門，請求他再送上一個道別的吻。他走過來了，卻是心神不寧、敷衍了事，堅持要她快走。面對這樣的羞辱，她猛拉開門，奔回自己的房間，撲倒在床上，心中充滿了恨，卻不知該怨誰。回去後，她便寫了那封信，要與他「決一死戰」。可是他仍然不理睬她，這使她陷入巨大的困境之中，她的心全亂了。恨他？心不忍。恨自己？愛無罪。她欲進卻退、欲罷不能，連自己都不知真假，因為她發現，自己完全失去了對事態發展的控制。

事情發展到這個地步，她的理智其實已經窺見真相，但是女人的任性卻使她拉住幻覺不放。加上因幻想而升溫的戀愛心理一時難以調整，於是她便站在懸崖邊，苦苦地掙扎著，以期拯救自己的「墮落」。

我完全能理解她的痛苦，但我只得實言相告，他們之間並無愛情，而曾經發生過的事情只是為了滿足彼此的一時需求而已。

愛的本質是能捨棄所有世俗的擁有，能超越時空制約，兩顆心相對的默契與相知。然而，她與他都只把這種「愛情」當作生活中的刺激，並且界定距離，以不妨礙雙方的家庭穩定為前提。既然如此，又何必痛不欲生？

此時的她，最合適的自我保護就是沉默。妳追著他，他避之不及；妳有尊嚴地緘默，他會困惑。這是一場只有投入、沒有收穫的愛情，有過了不用後悔，結束了純屬正常。

心理解碼　愛情是性的武器

她第二次來的時候，連聲對我表示感謝。她說她終於戰勝了自己的「情慾」，找回了自己的尊嚴。她發現自己終於能坦然地面對他，內心有勝利的感覺。因為，她使他覺得思索不透而刮目相看。並且，她已能理解他的失落、他的茫然和他的懦弱。

這是一個普通的婚外戀個案，但是它向我們提示了一個心理現象：女人在尋求外遇時，很多時候不是因為所謂的「愛情」，而是和男性一樣，是出於性的需求。在這方面，男性和女性的區別在於，女性的性指向是隱性的，而男性的性指向是顯性的；男性是有意識的，而女性是情不自禁的。在性與情感方面，男女兩性在指向上差別很大，也可以說截然不同。女性的性需求是透過表情、語言、音調、語調，即所謂的愛情和生活中無所不在的關愛表現出來的，而男性對自己屬意的女性直接以慾相求，這就是所謂的

痴情和負心

「女人由情而性，為愛獻身；男人由性生情，為性而愛」。兩性之間在性的表達和心理、行為上的表現完全相反。這種差異看似和文化、倫理有關，實質上是和生理有關。在性行為上，女性是被動的，她不能主動「入侵」，所以她的性的主要表現為「引誘」，也就是從心開始下功夫，然後以其他手段輔助：身姿、穿搭、氣味、聲音以及其他感官資訊。所以，女人的「情」可說是性的手段。對於女性來說，「情」常常就是「性」。當然，男性的「情」和「性」也有統一的時候。所謂的「愛情幻覺」只不過是由性需求而衍生出來的心理功能，不明就裡的女人卻把它理解成愛情。男性在性行為上有主動權，他的指向是明確的，不必為自己的性尋找保護和輔助手段，所以他們在「情」方面會顯得淡漠一點，這種現象便造成了「痴心女子負心漢」的文化道德批判。但是，這麼說不是為男性的性愛分離進行辯護，性是動物性的，人是有情有性的，性和情的結合才是從動物到人的昇華。感情的程度和感情的表達是人類文明程度的證明。

本案中，女方表述的情況，間接證明了她和丈夫的夫妻關係有重大失衡的地方，只是沒有被意識到而已。

「愛情警犬」

為了保衛愛情，她說自己變成了「愛情警犬」……

個案閱讀

小維的愛情探案

小維在諮商的前二十分鐘裡，不下三次說「他有什麼好稀罕的，還不是靠我爸的提攜才走到今天的位置……」。和小維的戀愛關係確定後，男友擔任了銀行信貸部門的負責人。他是個追求成功的男人，進了銀行後又繼續深造，學習英語，為的是能夠坐穩這好不容易得來的位子。小維是另一家銀行辦公室的普通文職人員，曾經是銀行業「大咖」的小維父親認為：女孩的工作就該平穩而悠閒，男生才應該當「拚命三郎」。小維是父母的獨生女，驕橫任性慣了，但是和男友確定關係後，完全變了個樣子，很努力地哄他開心，小心翼翼地為他做事，因為她知道，男友是她好不容易才「愛」到的。不久前，小維明顯感受到男友的變化，雖然來往的次數沒有減少，但是言語和情緒大不一樣了，他總是懷著心事，經常沉默，似乎在迴避著什麼。小維是心裡藏不住事的人，常拉著他問緣由，然而得到的是更深的沉默。小維不甘心這樣不明不白地受折磨，趁男友不注意時，翻看他的聊天紀錄，誰知迎面就是一記晴天霹靂：「你是我心中的太陽，為了這份感情，我可以不惜一切……」小維暈頭暈腦地查看訊息。男友回來了，小維這次長進了，沒有立刻去追問是怎麼回事，她相信自己的競爭力和魅力，想自己去處理這個「桃色事件」。她又找機會去查看男友的手機，發現對方是他們都很熟悉的「小錢」時，反而不緊張了。在同事們眼中，小錢是個很物質的女人，慣於和主管搞曖昧，想必這次搞到男友這裡了。小維並沒有很放在心上，但是在男友生日那天，她發現男友的鑰匙圈上有一個印著「LOVE」的血紅色的心形吊飾時，忍不住了，向他要來細細查看，背面還有「錢」字，那不是小錢還能是誰？小維大聲叫嚷著要去找她，男友說這和小錢無關，卻拒絕回答是誰送的禮物。男友說他有權保持沉默，並且威脅小維，如果無事生非她將負全責。小維想想也是，他們還沒有結婚，自己確實不適合找別人理論。小維不說話了，但是她也由此有了「病根」，習慣性地想像男友在外面與別人曖昧的情景，習慣性地當起「偵探」調查他的行動，當然也包括他的聊天紀錄，希望找出證據，與他「決一死戰」。

他們是戀人，聚散無度，但是男友的日程小維是了解的。他每週一三五晚上和同事去運動，二四晚上在辦公室加班順帶做點功課，週六整天學英語，剩下的日子包括晚上以後的空閒時間才輪得到小維。為了確鑿他的「外遇」，小維曾經多次跟蹤過他週六學英語和下班後的運動，也常常在下班後打電話到辦公室「查考勤」，事實上並沒有意外情況。小維想，難道他們是「柏拉圖式」的戀情嗎？查了通話明細後，發現男友一個月和小錢通話達十五次之多。小維的憤怒終於找到了出口，她叫囂著要找小錢算帳，罵小錢是個「官妓」，可是男友死不認帳，堅持說她無中生有……他的沉穩給了小維幾許希望，她心裡本不願相信這是真的，便不顧涕泗滂沱，緊緊地擁住他，哀求他不要放棄這份感情。他看小維的眼光是迷惑而游離的，他沒有辦法戰勝自己的緊張和沮喪，他擁著小維的雙臂是敷衍的，毫無激情。小維一定是感覺到了，她突然厲聲說：「你不可以這樣不忠誠，你擁有的一切都是我帶給你的，你該想清楚其中的利弊……」

那曾經出現過的一絲猶豫和歉意消失了，男友的雙臂滑落下來，他的心關閉了，言語是多餘的，沉默總是最狠絕的行為。又氣又急的小維把他抱得更緊了，可是女人是不能夠「霸王硬上弓」的，任她怎麼委屈，他還是沒有反應，小維覺得自己受了羞辱，鬆開手哭著逃了出去。

心理分析　無法選擇的困惑

這一切本可以很快結束，但是他們剪不斷理還亂。小維說，自己實在太愛他了。她身邊的朋友幾乎都說她傻，不明白她為什麼非吊死在一棵並不怎麼樣的樹上，她自己也不明白。他想必也是不知道原因的，但是他知道小維離不開自己，所以他可以「折磨」她。他明白折磨一個為愛苦惱的女人太容易了，什麼都不必做，效果比什麼都好，妙處就在「不做」：不理她、不哄她、不給她好臉色看、不給她任何理由……這樣就可以「磨垮」她！他的拈花惹草也是一種心理戰術，可以使自己更主動。問題是女人的心有點像小雞，可以跟著一把米跑，而看不見其他，因為她認定了那把米。小維搞不清楚男友究竟有什麼問題，就鐵了心要等他。我一直告誡小維：「沒有證據，就假定他是沒有問題的。戀愛中的人的感覺是不可靠的，常常因為對愛情貪得無厭或者缺乏安全感而神經緊張。」

星期六早上，在小維家裡，他們正準備出門，電話響了，是男友的同事找他去公司開會。他說有安排，請假不去了。掛了電話，小維看了來電顯示：天啊，居然是那個讓她刻骨銘心、受盡刺激、魂魄不安的電話！「這是怎麼回事？為什麼小錢名下的電話變成這個女同事的？」

男友也愣住了，什麼話也說不出來。小維卻突然顫抖起來，說：「原來這一切都是你設下的圈套，你『栽贓』小錢就是為了轉移我的注意力，好放手大幹一場呀……」小維歇斯底里地大哭起來，她越想越慘，原來他雷打不動每週三次去運動就是為了和她約會……學習英語，不過是增加互動機會，難怪他是那樣起勁，一次不落，小維還苦苦偵查，怕他去和別人約會……

這回他是真的語塞了，他沒有想到突然之間情勢急轉直下，他成了完全的理虧者。同樣是沉默，但是他的意志動搖了，不再是脅迫對方，而是無話可說。

暴風雨過去了，心裡的洪水仍在翻滾，小維不知道自己是否該再接納他，她不知道以後應該怎樣面對他。他的心裡在醞釀著「革命」，他希望能夠趁此時機結束關係，他預感自己受不了總是處於弱勢地位。

心理解碼　「仗勢愛情」中的心理問題

「灰姑娘和白馬王子」的愛情童話至今仍然備受歡迎，暗示著許多自以為卑微的女人，唯有愛情才能使自己步入天堂。同樣是地位反差，七仙女和董永的愛情傳說雖然美好，卻以悲劇結尾。這其實是男權文化的產物，宣揚只有男人可以拯救女人，而男人是拒絕被女人施以恩惠的，經典論斷如魯迅「賈府的焦大是不會愛上林妹妹的」。然而，假如林妹妹真的動了心，焦大未必能受得住。在我看來，無論男女，用門第作為條件，強化個人的社會身分都有「仗勢愛情」之嫌疑，而這無疑是真正愛情的障礙。

女方「仗勢」的障礙

出身較好的小維愛上了平民出身、寒窗苦讀的男友，她知道對方是她所愛的，然而她不是以誠愛感人，而是以利益為誘餌圈住他。她不但這樣想、這樣做，還生怕對方不知道而以各種方式告誡他。在她看來，這是公平而可靠的，但事實上這恰恰是親密關係的障礙。試想一個男人時時被暗示自己是在借女人的光，他的心情會如何？這樣的話，常常是女方對他越好，他越退縮，他會因為覺得自己被「脅迫」而有羞恥感。小維之所以這樣認為是因為她對自己沒有信心，以為這可以增加自己在愛情天平上的籌碼，不料卻適得其反。這種心態是小維受盡愛情折磨的根源。

男人的扭曲和反擊

男性確實比女性有更高的生存能力，這展現在他們能兼顧精神和物質的需求；也有一些男性不排斥「高攀」女人，期望以自身的品格贏得對方的青睞，例如寬容、溫情、呵護和盡情盡性。但是這裡面有一個悖論：男人做得越好，女人越滿意，她的控制欲就越強，女人無一例外害怕失去。剛開始，男人被女人的愛情和依賴感動，表現出更大的激情和溫柔，而女人的要求比男人的努力成長得更快，當男人發現自己的努力永遠無法使她們獲得基本的安全感時，他們由勉強自己轉為使對方受挫，為曾經的扭曲復仇。這種反擊的方式是多樣的：冷漠、指責、動物性性交，或者耍賴、裝糊塗，最嚴重的是以「外遇」來打擊女人。

偵查和控制的負面效應

撇開追逐的心理根源，單就追逐偵查這樣的行為，也會對正常的愛情造成諸多困擾。

◆**不良暗示**：使他覺得妳非常在乎他，因而情不自禁地做出惹妳生氣的行為，甚至可能養成習慣。

◆**誘導**：由於經常問他是否有過「出軌」行為，反而容易喚醒他嘗試的意識，他的心理動機是：既然妳能想到，想必已有心理準備，我為什麼不可以……

◆**條件反射**：妳的叮囑和暗示像廣告一樣使他產生「條件反射」，只要有合適的場景，他會產生聯想，甚至會有實際行動。

◆**自我平衡**：因為被追逐偵查，所以他厭倦、失衡，一有機會就想做點什麼，沒有機會也會創造機會，讓自己平衡。無論妳是否知道，他自己心裡很得意。

◆**叛逆**：當他認為妳太過分時，他一般不會像女人一樣與妳論理，而是用行動來表示自己的不滿，他會產生「哪壺不開提哪壺」的叛逆。男人都明白，對女人最大的打擊是對愛情的不忠，於是他真的那樣做了……

別當愛情「救世主」

建立真正平等的愛情。愛情是兩個人坦誠相待，不但身體是赤裸的，靈魂也是赤裸的。在愛情中附加的東西越多，關係越沉重，破裂的可能性越大。尤其是當高低貴賤被帶入愛情中，破壞性最大。

◆ **別「樂善好施」**：不要去扮演「施與者」，施與的衝動是破壞愛情平衡和正常關係的要素。

◆ **別讓自己依賴愛情**：「救世主」心態是想讓別人依賴，事實常常相反，結果是自己成了依賴者，給別人的越多，自己失去的就越多，不可收拾了，就折磨自己。愛情再好，也是雙方的努力，對方不要了，就趕快撤退不要猶豫。

控制和侵犯

具有侵犯性的求愛者關心的不是愛情本身，而是由不安全心理操縱的支配欲和控制欲，他們缺乏和愛相匹配的持續的激情和承擔責任的能力。

個案閱讀　被追逐的煩惱……

一年半以前，美籍華人黃先生來到白鈴所在的公司，擔任部門的業務主管。他正當而立之年，美國名校畢業，自視甚高，對同僚不屑一顧。白鈴從他高傲的目光中，可以感受到他明顯的輕視。白鈴心中不免失衡，偶爾面對，也是冷眼相待。黃先生卻格外「青睞」白鈴的「白眼」，在她的面前，黃先生竟像乞憐的兒童。白鈴寧可他是高傲的、冷酷的，也不要他像現在這樣卑賤。半個月過去，他神情委頓，像是被「電」過似的。再往後，白鈴時常在沒上鎖的抽屜裡和其他觸手可及的地方收到他的信。看頭幾封，她只覺得好笑：他竟像讚美花季少女似的讚美我，卻不知我女兒都已經兩歲了。然而黃先生的信越寫越多，他不但知道她的情況，並且誓言：他的愛能超越一切，無論發生什麼，他都將以自己的方式愛她。然而，無論黃先生怎樣努力，白鈴總是鐵石心腸，看都不看就把他的信扔進大塑膠袋裡，心中憤憤地想：你也配愛我嗎？

白鈴說，他就像一條忠實的狗，無論白鈴怎麼對他，他仍一如既往，懷著謙卑的心情，帶著哀憐的神色，不離不棄地守候著。他的業務能力很強，只要一發現白鈴有什麼難處，他就像一個彈簧，賣力彈出去，幫她把一切處理好。白鈴可以在情感上與他界定距離，卻難以在工作中拒絕他的幫助。白鈴的丈夫常年出差，黃先生對她們母女的關愛照顧是任何一個高級保姆所不能及的，那種周到、妥貼，完全是親人的感覺。

白鈴覺得自己是討厭他的，但是由於黃先生步步緊逼，白鈴的內心多少有些躁動，下班後更多時間是躲在家中，而不願與黃先生來往。那天夜晚，黃先生站在她家的院子外打電話要求上樓，白鈴堅定地回絕，誰料他說他將在這裡站一整夜。路燈光清晰地映照出他沮喪的身影……她慌了，不得已扭曲自己，讓他進家門。他進來了，他們喘息著，迷惑於自己的狂亂，怔怔地看著對方，竟不知所措……正逢其時，門被打開，因為做銷售總監而經常出差，一年難得回家幾次的丈夫回來了。剎那間，三人面面相覷，無話可說。還是黃先生率先打破沉默，勉強打了個招呼，尷尬地離去了。

看著白鈴因緊張而蒼白的臉，丈夫並沒有詢問，白鈴後悔自己不明不白地踏入這層關係，又恨黃先生苦苦相逼，她是深愛著丈夫的，可是，今天這樣，她又該怎麼解釋自己的行為呢？

黃先生的無微不至讓白鈴覺得欠了他很多。自從見到白鈴，黃先生感覺自己失去了自由，活著的意義似乎就是為了愛她。來公司時，他剛剛結婚三個月，可是白鈴使他忘記了所有，他陷入狂亂狀態。在他的強烈攻勢下，白鈴的焦躁、迷惑使他產生了負罪感，當他遇到白鈴的丈夫時，這種感覺更強烈了。「我要離婚！」黃先生堅決地對白鈴表示。「只要你自己願意就好。」白鈴幸災樂禍地想。從此，白鈴成了黃先生心目中的「女王」，黃先生則成了白鈴生活中的隨從。黃先生對白鈴母女越來越好，白鈴卻為所欲為，不平等的關係形成了，白鈴對黃先生的依賴模式也養成了。白鈴自欺欺人地想：「反正我不愛他，他做什麼都是咎由自取。」

不久，公司接到黃先生妻子的來電，說黃先生最近正在與她鬧離婚，並詢問他在公司是否有什麼情況。公司因此進行了調查，知道了他們的特殊關係。「你給我滾回去！」面對龐大的壓力，白鈴簡直失去了理智，黃先生卻十分絕望地說，他也只能「滾回去」。鑑於他們的狀況，公司已決定把黃先生調到其妻子所在地的分公司。公司表態說，為了他的家庭，只能這樣做。「這下總算了結了。」白鈴深深嘆了一口氣。噩夢般的苦役終於結束，她將開始新的生活。他要走了，可是她仍不明白，為什麼這個討厭的傢伙，會牽涉自己如此多的精力。

心理分析　公主變成「愛情奴隸」

該走的人走了，白鈴緊繃的心也鬆弛了下來。丈夫仍是日夜不歸，沒了心事，白鈴便覺得百無聊賴，夜晚閒暇時，她翻出黃先生的「情書」，瀏覽著以度寂寞。

「哇！他怎麼會有如此深情、如此憂傷，而我長期以來又怎麼會如此漠然、如此殘酷！仔細想來，我已有好長時間根本就沒有拆過他的信，而他卻一如既往，深情不改。」想到這裡，白鈴看不下去了，走到陽臺上，遙望著遠方的天空，心中一片悵然。

週末和女兒外出，她會明顯感覺少了個人；平時在辦公室裡，她又覺得少了個助手，甚至是少了個業務主管。現在她逐漸體悟到了他的苦心，為了在事業上幫助自己，黃先生竟可以去鑽研白鈴的業務範圍，其結果是他的業務水準遠遠超過了白鈴，從而給予她極大的幫助。有時，白鈴似乎覺得是自己虧欠了他，但她立刻自我安慰：「這是他願意的，與自己沒有關係。」雖然這樣想，但白鈴的心脫離了意識的控制，無論白天黑夜，他的身影死死地在白鈴的腦海中糾纏，使她一天天憔悴、一點點疲困，她的心被黑暗籠罩。

隨著時間的流逝，白鈴日漸焦躁、暴怒，恨他、想他，恨不得拉住他咬上幾口。極其矛盾的心理、極端矛盾的情緒在她心裡引起劇烈的衝突，她的心成了水火衝突的戰場，眼看就要崩潰了。她放棄了自尊，飛到了他所在的那座城市，聲稱自己恰巧出差，希望能與他見上一面。

她憧憬的是他接到她電話時的驚喜和激動，她準備好的是施捨於他的慷慨。然而，白鈴沒有料到，他竟是吞吞吐吐、含含糊糊、畏畏縮縮，說出一堆難處來。遭遇這樣的打擊，白鈴防不勝防，只覺得天旋地轉，她病倒了，躺進了醫院的急診室裡。

男人和女人的區別在於，男人因為沒有得到而焦慮，而女人因為得到而焦慮。男人怕得不到，女人得到了怕失去，男人的痛苦在前，女人的痛苦在後。

很多人想過死，但是求生的本能會找出很多理由，讓自己繼續活下去。在眾多病人痛苦的呻吟中，白鈴求生的本能甦醒過來，支撐她活下去的理由很簡單，就是仇恨。她發誓要報仇，要為自己討還公道。此時，白鈴仍然是充滿矛盾的，她不理解自己究竟是愛他還是恨他，是討厭他還是需要他。正是這種衝突使她愛恨交加、進退兩難。

心理解碼

需要和愛咫尺天涯

事發前後，白鈴確實想了很多，她不懂自己明明不愛黃先生，卻接受了他的援助，並且禁不住他的進攻，和他發生了性關係。明明自己是討厭他的，卻又為什麼趕不走對他的思念，並且追他到天涯海角？

在討論她的問題前，我們必須先了解他們關係的意義，以及形成這種關係的心理路徑。在意識層面，白鈴覺得自己從未愛過黃先生，然而她又非常需要他。確切地說，處於這樣的生活狀態，她需要一個像黃先生那樣在工作上指導她、在生活上關照他、在心理上呵護她、在情感上滿足她虛榮心的伴侶。白鈴和丈夫之間的愛，已被時間錘鍊成了抽象的意念，已是她體面生活的符號。丈夫常年不歸，使她荒蕪已久，在這個時候，有個願意像工具般全方位滿足她綜合需求的人出現了，她又怎能逃脫得了這種誘惑！別說黃先生是個才華出眾、殷勤周到的人，就是一隻寵物，也能獲得寂寞女人的青睞。這本是可以理解的人之常情，可白鈴是個有原則的人，因為害怕自己被誘惑，為了抵抗、為了自衛，她以輕視、否定的姿態傲然對待黃先生，試圖與他界定距離。白鈴並不知道黃先生是一個神經質的、有受虐傾向、有嚴重心理衝突的人。白鈴的抗拒對他而言是一種極具刺激的挑戰，激起了他前所未有的征服心，於是他以受虐的方式不懈地進攻，而白鈴卻以高高在上的姿態漸漸被征服。在整個過程中，他們的心態在向兩個極端轉換，黃先生透過服從養成了白鈴的頤指氣使，並讓白鈴因受寵而習慣了依賴。當黃先生「受虐刑滿」，心態趨於正常時，白鈴卻因為依賴而離不開他，從而感到嚴重的失落。由此，我們也就理解了白鈴「失戀」後的心情。然而，她對自己是不了解的，她不習慣從「女王」的位置上跌落，不願正視自己極其需要黃先生的實際情況，所以她激憤地說道：「我不願忍受他的背棄，我渴望像以前那樣控制他！」

黃先生和白鈴展現出來的其實都是控制對方的需求而非真實的愛，這是以愛為幌子的病態需求，它完全是為了滿足自己所謂「愛」的需求，而不顧對方的意願。黃先生的表現是把多餘的纏綿強加於人，因此具有「愛的侵犯」之嫌。病態的求愛者常常是自卑的、感到不安全的，他們需要透過征服特定的目標來克服自卑，偏執的愛的需求既是病態求愛者的心理表現，也是他們藉以自療的工具。因此，一旦目標被征服，他們的心病解除了、動機消失了、激情沒有了，他們的狀態就正常一點。病態的求愛者關心的不是愛本身，而是由不安全心理操縱的支配欲和控制欲，他們缺乏和愛相匹配的持續的激情和責任感，所以黃先生可能被動地回來，卻再無可能像以前那樣「愛」她。白鈴默然，未癒合的傷口又被觸碰了一下。

一般來說，白鈴已經度過了死亡的危機。死亡的危機更常出現在逆風而上的掙扎中，那時人會憋著一口氣，孤軍作戰，不求外援。一旦衝到了巔峰，再下山時，他已調整過心態，雖然他可能很絕望，卻有了一定的心理準備。但是，下山的路他已經走不動了，他需要扶持和支援。白鈴靠著自己走出了絕境，但她仍需要有人來協助。

白鈴為什麼最終成了黃先生的俘虜？最大的原因是她的婚姻處於「盛名之下，其實難副」的狀態。所有人包括她自己都認為他們夫妻恩愛，但事實上他們的愛因長期分居而日漸流失，進而徒有其表。無法被意識到的問題才是真正的問題，不自覺的行為是造成心理衝突的主要原因，白鈴的痛苦就源於不了解自己導致的行為失控。

在等待的女人

「愛情」這個詞對男女兩性有著完全不同的含義，這是在他們之間引起嚴重誤解乃至衝突的根本原因。拜倫說：「男人的愛情是與男人的生命不同的東西，女人的愛情卻是女人生命的整個存在。」尼采則認為：「如果有些男人也產生了那種為愛情拋棄一切的欲望，我敢保證，他們一定不是男人。」

男人還是昨天的男人，女人卻非昨天的女人。今天的女性將如何面對她的情人……

個案閱讀　今夜他會不會來？

櫻穿著黑色的緊身上衣，衣襟上別著精緻的胸針，臉上略施脂粉，身上散發著淡淡的香味。看起來很自信的她提出的問題卻與所有的女性相似：「他會不會再來？我還要不要等他？」

櫻是個單身母親，只有三十多歲，卻已離婚六年。「我不是為前次婚姻而來，那早已成往事，不提了，雖然也是他負了我……我當年是公司的部門經理，盡全力扶持他也當上主管，他的心說變就變了……」櫻是個剛強的女人，多年來，她強打起精神，硬撐著過來了。一年前，同學聚會時，她傾吐了心中的委屈，不期引來一段痛徹心扉的戀情。在那次聚會中，櫻是同學中最不幸的，在某公司當業務主管的濤卻是大家公認的幸運兒。他娶了一個貌若天仙的妻子，生了一個天使般的女兒，妻子是某外國公司的首席代理，常年在國外奔波，足跡幾乎遍及全世界。濤的生活令同學們豔羨不已，吵著要去他家參觀，說是為了沾沾福氣，討個吉利。濤不無得意，對大家許諾，將另擇吉日通知同學們「光臨寒舍」。

隔了三天，櫻果真接到了濤的電話。「他可沒食言！」櫻驚喜地想。她對著鏡子塗塗抹抹了許久，才興沖沖地出門。進了濤的家，櫻有點羞愧，她是第一個到的，她忌諱自己是個單身母親。

「沒有別人了，今天只有妳一個。」濤怪怪地說。見櫻有點尷尬，濤又說：「別人都挺忙的，只有妳可能寂寞，所以我冒昧請妳來。」

櫻這才知道，濤也寂寞。妻子天涯海角各處跑，女兒由外婆家精心呵護，他一個人獨自被「鎖」在城鄉交界處的別墅中。

這棟別墅可說是豪宅，居室格調也不失高雅，但此時濤的神情與環境格格不入，他沒有了人前的矜持，反倒流露出惆悵與憂傷。經他細說，櫻才明白，他雖披著一件華貴的外衣，心中卻有難言的苦衷……妻子常年在外，身和心早就不知飛向何方，她用高於濤收入幾倍的錢把濤拴在豪宅中，又把照顧女兒的責任丟給他，讓他扶老攜幼，做一個「管家公」。濤的妻子對這種生活狀況非常滿意，而思想保守的濤深覺恥辱，又無可奈何。他恥於被妻子忽視，卻又無奈於對「心理優勢」的依賴：當人們認定他是個幸運兒而對他禮讚、膜拜時，撩開金羽衣，露出心中的疤痕是需要極大勇氣的。何況，膝下的女兒有過安定、富貴生活的需求與權利。他曾經多次對自己說：「為什麼我要葬在這『富貴墓』中呢？我有享受生活的權利。」可是，他的教養與道德早已捆綁了他的手腳，使他動彈不得，只能胡思亂想……

櫻聽得大氣也不敢出，生怕驚擾了悲憤、憂傷的老同學，心想他原來「同是天涯被棄人」。

濤又說：「自從遇見了妳，我的心變得柔軟起來，妳的遭遇、妳的自信與勇氣，讓我也有了精神。誰都會遭遇不幸，這不是我們自己可以掌控的。」

望著濤閃閃發光的眼睛，櫻忽然感到了緊張，手心裡滲出了津津的汗絲。多年來，她早已把心門關緊，不讓感情的微瀾流進心中，可是今天太突然了，她猝不及防，眼神裡露出了別樣神情，情思和著汗絲一陣陣往外冒……孤男寡女，苦情悲意，兩心趨近竟使這「富貴墓」人情纏綿、活力四射。

「我們有追求快樂的權利」，他們在這樣對自己說的時候，道德的枷鎖滑落了。他們以為，自己不但找回了自信，還找回了勇氣。在很短的時間內，濤便下定決心，準備找一個合適的機會，與妻子談離婚的事情。

心理分析　「心病」和「心臟病」

「離婚」，這不能算是濤明確的承諾，卻也可以說是一種委婉的暗示。對此，櫻雖不敢有全心的期待，偶爾的奢望卻在所難免。即便如此，失望仍難免一次次地累積在櫻的心頭。失望之一，是他在自己面前常唸叨「離婚」，妻子一回來，他便默不作聲，直到妻子走後的一段時間，他連個說法也沒有。櫻常為此煩惱，不知自己是否還要相信他，也不知自己是否要繼續虔誠地關懷他、思念他。失望之二，他突然生了一種莫名其妙的病，一發病就要看急診，甚至住院，不發病時又不像個體弱的人。醫生初步診斷是心臟病，濤的臨床症狀全都符合，可仔細檢查了心臟及其他器官都無問題，這病來得猛去得快，令醫學專家十分困惑，更令櫻疲憊不堪。濤家中老的老少的少，他病倒了，全仰

在等待的女人

賴櫻奔波調度。櫻現在是公司的財務人員，工作繁忙，家中尚有孩子需要照顧。濤病倒後，她的身心壓力都很大，尤其是心理壓力。她常常想：心臟病與心病有關嗎？想到了這一層，她就明白了，她發現每當濤的妻子回家時，他的病就發作得厲害，死去活來，鬧得所有人雞犬不寧。醫生們不甘心自己的「失敗」，繼續為他會診，最後終於確診：他的心臟沒有疾病，他的「心臟病」是心理因素的作用。遵醫所囑，櫻又帶著他去看身心科，做了一系列心理測試，濤被確診為「憂鬱症」。濤住進了醫院的康復病房，櫻終於可以鬆一口氣了，三天兩頭來探望，卻不必日日夜夜地陪伴。

康復病房的收費很高，但環境很好，年輕漂亮的護理師小姐殷勤護理、悉心照料，濤的心情與氣色一天天地好轉，櫻由衷感到欣慰。週末的午後，濤說：「護理師小姐說我需要運動，我去舞廳活動，行嗎？」

只要濤能快樂、能早日康復，什麼都是好的。

濤出院後，神情開朗了，面色紅潤了，康復病房與舞廳療效神奇，但是櫻覺得自己得病了，她變得神經過敏、焦慮不安，因為濤的電話越來越少，打個照面更是難得。櫻還了解到，濤出院後與護理師小姐的「舞緣」還在持續。偶爾他們兩個約會，濤正襟危坐，難堪地沉默著，那種神情好似日薄西山，氣息奄奄。

心理解碼

心理衝突和心理疾病

「我有什麼不好？我做錯了什麼嗎？」櫻哽咽著問我。

沒有誰不好，這件事的結局本該如此的，只是櫻對它抱有幻想而已。我們的身心、行為，被已經形成的心理路徑規定著、制約著，而我們的努力、反抗往往是徒勞的。

假如我們認定濤的病是心因性的，純粹是心理上的而非生理上的，我們就要先了解他的衝突與恐懼是什麼，他的心理路徑又是怎樣的。

濤對婚姻是不滿的，但他缺乏修復能力，也缺乏解構的勇氣，這種困境造成了他的冷漠、憂鬱與頹廢。櫻的出現為他的心注入了活力，支撐著他面對現實，得以反觀婚姻問題，並形成了「離婚」的意識。櫻對於他更像是精神拐杖與救命稻草的作用，讓他借了一把力，步出心理困境，但是他對完全接納新的感情又沒有做好充分的心理準備。他不願意讓自己落入更深的矛盾和衝突中進退兩難。濤的心理障礙的產生，源於這樣一個焦點衝突：他害怕離婚，但更害怕與櫻結婚，然而離婚的動力是因為櫻的出現。這種衝突源於一種認知偏差：他以為自己是愛櫻的，但隨著交往的深入，他發現櫻並非他所愛的，可是他又怎能對櫻啟齒呢？離婚是難，離婚後不與櫻結婚更難，連他自己心理上也

在等待的女人

過不去，又怎麼能與櫻言說呢？在這種情況下，生病是最好的逃避，既可以逃避與妻子談離婚，又可以逃避與櫻談結婚。於是，他陷於一片混亂之中。在意識到走投無路時，潛意識就以它特有的方式來干擾，這種查無實據的「心臟病」是心因性的、歇斯底里型的。他透過這種方式，暫緩矛盾以求自衛。濤與護理師小姐的「舞緣」，更是一種移情，在一片混亂中，他本能地尋找新的刺激，透過移情迴避困境，以求支撐自己，轉移矛盾的焦點。

濤的性格、認知與心理決定了他會做出那樣的行為，也決定了櫻的愛情會落空。持續不斷的心理衝突是產生心理疾病的溫床和心理問題的展現。明白了濤的心理脈絡，櫻可以想他、念他、牽掛他，但不必再等他，今夜他未必會來，即便等來了也不甚可靠。

古往今來，無數女人在等待中度日如年，紅顏憔悴。女人執著地等待，是她以為自己沒有錯，以為心誠能使頑石開花。然而，在男女特定的關係中，難用是非對錯來評論，更常是心智、意志、情感、方法的較量與契合。有時，等待是值得的；有時，等待是徒勞的。究竟什麼是對自己好的？女人的眼睛其實是雪亮的，除非她故意與自己過不去。

身體和精神，愛情天平往哪邊傾斜？

當人類的精神體驗可以比擬兩性之間身體交流的快感時，精神的翅膀可以把我們帶到任何地方……

個案閱讀　愛，並尋覓著……

美麗的月兒聰明能幹，屬於人群中一眼就能被注意到的那種女孩。從高中時代開始，亭亭玉立的月兒就經常收到男生的「小紙條」，但她內心很清楚讀書的時間有多麼寶貴，月兒從沒有對向她示愛的人多看一眼。順利考上理想的大學後，她開始左顧右盼，想有一個浪漫的大學生活。英俊瀟灑的輔導員是眾多女生心中的白馬王子，只可惜已有女友。自信的月兒沒把任何通往目標的障礙放在眼裡，一年後，輔導員成了她的男友。那時候的大學雖不認同師生戀愛，但也沒有明令禁止。晚飯後，月兒與輔導員並肩散步的身影惹來眾多同學羨慕的目光，月兒對此甚是得意。

身體和精神，愛情天平往哪邊傾斜？

大學畢業前夕，她想了很久，還是決定與輔導員分手。輔導員懶散的性格和與世無爭的心態，決定了他只願待在「象牙塔」裡做做研究、弄弄教學，這與月兒同時擁有豐富多彩的精神與物質生活的理想相去甚遠。分手是傷心的，相擁著哭過幾次後，她堅定地離開了。

平靜下來的月兒自以為經歷過情海波瀾，用更冷靜、更挑剔的眼光審視著周圍追求她的異性。一個偶然的機會，她認識了陽光。他有爽朗的笑聲和略顯粗獷的外表，還有白手起家、已小有成績的事業，似乎一切都符合月兒的標準，矜持的她還是讓陽光追求了六個月才答應嫁給他。

婚後一年，兒子出生了，陽光的事業也因月兒的出謀劃策而蒸蒸日上。抱著心愛的兒子，看著在外叱吒風雲、在家對自己呵護備至的陽光，月兒覺得自己當初的選擇是明智的。月兒對婚姻唯一不滿的地方，就是夫妻的性生活太簡單。忙碌慣的陽光做所有的事情都匆匆忙忙，偶爾做愛後倒頭就睡。月兒內心很不滿足，暗示過幾次，陽光會改善一段時間，但是很快又恢復本性。早春時節，黃色的迎春花開了一地，貓兒肆無忌憚地在窗下叫春，月兒因愛情悸動而難以入睡，但是她不想驚擾丈夫，悄悄地走入琴房，彈奏最愛的《月光》。不知不覺，她的淚光在月色下迷濛斑斕……令月兒欣慰的是，自己仍然愛著他，她的心情是憂傷的，身體是寂寞的，靈魂仍然被他感動……

陽光的事業越來越大，月兒也學會了休閒和娛樂，會與一大群朋友一起去酒吧聊天，大聲歡笑，大杯喝酒。尤力是朋友中年齡最小的，也是最安靜的，每次大家大笑時，他至多就是微微一笑，也很少開口講話。尤力清秀的臉龐和憂鬱的眼神讓月兒回憶起輔導員。聽朋友說，自從尤力的女友嫁給英國人去了歐洲後，他就再也沒有戀愛過。月兒聽了這件事以後，心中抽痛了一下。參加每隔一週聚會的朋友逐漸變得越來越少，在一個雨夜，尤力送月兒回家時，終於走進了她的家門，走進了她的感覺裡，走進了她的身體……一切都發生得那麼自然，每次與尤力在一起時，月兒的身體自在放鬆，他非常照顧她的感受……月兒常常會覺得小自己五歲的尤力像是自己的大孩子，她喜歡照顧他的飲食起居。

從此，月兒有了許多的不安和內疚。陽光還是一如既往地依賴她，天天相處，見到她有時還會興奮得滿臉通紅。有了尤力的愛作為補充，月兒覺得自己更愛陽光了。只是在月色下，躺在孩子般單純的陽光旁，她會想起尤力的溫柔和細膩……月兒為此惶惑，不想永遠這樣矛盾地生活，但也不知該怎樣理解自己。月兒走進了諮商室，期望理解自己，知道將來的路該怎樣走。

心理分析　關於性快樂的權利

月兒的角色是「輔助太太」，這是一個猶如「垂簾聽政」般的家庭裡的「西太后」。「西太后」決策家庭財政，掌控夫妻公司的發展命脈，決定員工的前途。雖然她們身處幕後，和全職太太一樣，什麼職務也沒有，但是她們是丈夫事業上的輔助者，更是他們心靈的支柱。

身處幕後卻能運籌帷幄，這是女人極大的榮幸，也是很多女人的追求。有些女人把結婚當作第二次投胎，其潛在願望就是透過婚姻改變境遇。婚姻是個人的社會行為，它不同於單純的愛情和性。在婚姻的框架內，身體和精神往往難以兩全，或者說是互為悖論。某些無法滿足的慾望，容易產生極端的心理感受，這種感受是因期待、幻想、時時的揣摩而產生。在現代生活中，心智優越的女人可以得到榮譽、地位和物質，卻不容易得到愛情和性的滿足。出現這種情況的原因之一是男性和女性有一個區別：女人因為仰視男性而激動、興奮，而男性則習慣被女人依賴、崇拜而快意、滿足。所以，聰明能幹的女人往往情場失意，而「傻女人」一邊嗑瓜子一邊看女強人受愛情之苦。男人更願意被普通女性管束，因為那樣的女性會按照最樸實、最傳統的方式行事，很恰當地滿足了男性希望適度被管束的心理特點。

月兒是一個引而不發的強勢女人，丈夫在心理上成了她的孩子，她像母親那樣無私地愛他，但是無法排解身體的寂寞。她的「出軌」是對自己的「拯救」，也是對丈夫的「解脫」。既然他不需要，月兒也沒有剝奪他什麼，即使有傷害，也是無法言說和舉證的，是在難以捉摸的精神層面上的。事實上，精神層面的缺失，我們可以透過認知的方式來調整，然而身體層面的缺失無可替代，即便有性工具，但那和人體是完全不一樣的。道德是可以調整和壓抑身體需求的，但那是以身心壓抑為前提的。

部分性學研究人員引進了關於人「性快樂的權利」，可以理解為這是在特殊情況下對特殊情況的補償理論。這應該是在主流價值的框架之內的，是在不傷害人的前提下的，比如月兒在性方面壓抑，她找了一份補充，雖然是在愛的面紗下，其本質是偏重慾望的，但是她最終還是選擇了精神之愛。關於性和愛，在現代人的生活中，原有的道德倫理已經不夠用了，新的觀念還在發展中，怎樣去走自己的每一步，別人很難指點，只有自己最了解自己。在存在矛盾、衝突的時候，應當遵從一個很廣泛的原則：把別人的利益和自己的利益一起權衡，而不是僅僅考慮自己的好惡。也許這才是令人感到安全的。

心理解碼

《麥迪遜之橋》——逃避自由逃避愛

四天的愛情令麥迪遜橋畔的農婦芬琪卡抱憾終身，同時也使攝影師金若柏魂牽夢縈，追尋一生。這就是《麥迪遜之橋》（*The Bridges of Madison County*）這部小說留給我們的惆悵。

假如我們撇開故事中人物的情緒，有許多問題值得探討與追問：芬琪卡在逃避什麼？金若柏的禁忌又是什麼？是什麼使他們萍水相逢便一見鍾情，熱烈地燃燒？又是什麼使他們淺嘗輒止，見好就收？透過這個傷感的愛情故事，我們看見了潛藏在男女主角內心深處的恐懼，那是一種對自由與愛情的恐懼。

人的精神與意識有著本能的、渴求自由的欲望，愛情是實現這種自由的方法之一。被愛的感覺給了我們存在的價值感並使我們勇敢，愛他人則使我們充分滿足了情感與能力的要求。兩個真正相愛的人可以超越生死，兩顆真正燃燒的心可以短暫獲得超越時空的永恆，那是精神生命的追求目標。然而，人不僅有精神，也有身體與四肢，還有一顆需要養分的腦袋，正是這個沉重軀體的需求，制約著精神生命無止境發展的要求，使人懸崖勒馬，使人的幻覺破滅，使人回到現實生活。

也許，偶遇的攝影師給了沉默的農婦從未有過的愛的感覺。她是可以選擇跟他私奔的，可是她最終沒有去，她選擇了自己已有的安全、體面、世俗的情感與既有的一切，而放棄了對她而言是實現愛情的唯一機會與可能。對於一個女人，孩子、丈夫、家庭是她傳統心理上最習慣的東西，假如沒有這些東西作為她生命中的底蘊，那種愛情便失去了存在的前提。至少，它不可能像故事所描述的那樣動人心魄。假如芬琪卡隨著金若柏而去，徹底實現了自己的愛慾，徹底獲得了追求愛的意志的自由，她的靈魂解放了，她也會失去維持生命的基礎，心靈會因生命難以承受之輕而失衡，而失去依傍。令她恐懼的正是這種害怕失去世俗生活常態的孤獨。

世俗的生活難免使人有壓抑感，但徹底脫離它又會使我們因空虛而恐懼。世俗的生活與傳統的習慣對我們的生命實際上是有保護作用的，徜徉其中使我們有難以言說的欣慰，因為它給了我們安全感。違背日常模式的生活，寂寞的心靈經過想像的喬裝打扮分外誘人，它可以是沉悶的現實生活的一縷陽光，卻難以徹底取代現實生活，所以它成為人類永遠憧憬的海市蜃樓。

所以，芬琪卡必然是要回歸家庭的，金若柏也必定會去旅行。刻骨銘心的愛情只是日常生活中的一道佳餚，是投向枯燥的生活之湖中的一顆鑽石，雖然璀璨卻難以永恆。

身體和精神，愛情天平往哪邊傾斜？

《麥迪遜之橋》留給人們那麼多的遺憾，因為有非常多的人想去浪漫一回而不得。文學與藝術的作用之一，便是替代性地滿足了人們的潛在需求，生存本能則把人導向安全地帶。世俗生活也許是隨意而粗糙的，但這樣的生活是真實的、可靠的、智慧的，並且是快樂的，因為人們的生活是以生存安全為基礎的。

東西方外遇心情比較

外遇是情感生活中撲不滅的篝火，假如我們繞不過去了，只能勇敢面對。在人類諸多錯誤中，外遇也許能算一個「美麗的錯誤」……

個案閱讀　他的外遇可以原諒嗎？

李金是某位首長的高級醫學顧問，她的專業背景是醫學和心理學的交叉領域，但是現在她自己也面臨著婚姻的困惑。李金三十八歲，她的兒子已經十二歲了，可是在兒子小的時候，她一直在為事業打拚，很少有時間陪兒子玩耍。從新婚開始，比她大三歲的丈夫晚濤就一直以這位漂亮、知性又聰明的妻子為榮，他總是早早回家，希望能夠和妻子相守在一起感受愛情的快樂。一直等到兒子出生，過了嬰兒期、幼兒期，李金緊張的工作一刻也沒有鬆懈過。她的事業直線上升，地位越來越高，表現越來越出色，可是她回家的時間越來越少。對此，兒子已經習慣了，晚濤經過職業調整也已經適應了。晚濤放棄了大學美術老師的工作，改做居家型自由畫家，收入不穩定，但是有更多的時間陪伴孩子。

職場的成功使李金更加自信，容光煥發的她美不勝言；與之相反的是，晚濤日漸消沉，他的話越來越少，心事越來越重。當他晚歸的次數越來越多，和李金的話越來越少的時候，李金發現了其中的蹊蹺。經過了解，她發現丈夫和一個藝術系的女生交往密切，那個女生既漂亮，修養又好，其父是大學教授。發現了這些，一向矜持的李金變成了「河東吼獅」，怒不可遏，她逼晚濤一定要把事情說清楚。

晚濤很坦率，承認有個女孩崇拜他，把他當作偶像，而他自己也寂寞，需要被關心……

「你們現在到了什麼地步？」在愛情危機面前，李金心情大亂。

「很知己，很親密，還有點曖昧……」

「你打算怎麼辦？」

「一切順其自然！」

「假如要你做選擇，你會怎麼樣？」

「讓時間來做決定……」

「離婚！我要和你離婚，我這麼辛苦地奮鬥，你卻這樣對我，我一定要和你離婚！」

「哇……」兒子大哭著走進來，想必是聽了一會。李金摟著兒子也哭了，她完全不知道自己該怎麼辦。晚濤低下了頭，但是他沒有屈服，說：「我的心太亂，我們不如先分開住，想清楚了再說吧！」

李金上前一步攔住他，說：「就算是分居也可以在一個屋簷下。你先別忙著走，為孩子想想吧！」

李金來我這裡做心理輔導，傾訴了自己的心情，問了三個問題：①他已經走了多遠？②他的心還會回來嗎？③自己是否該原諒他？

經過多次電話溝通，晚濤最終同意做一次面談。他和我在那間一半是玻璃一半是牆的小房間裡，傾心交談了很久。在談及夫妻感情、曖昧、外遇以及如何面對當前的夫妻關係時，晚濤說：「假如她同意離婚，我也是想離婚的……」

心理分析

外遇使我們發現自己

很能幹的李金在訴說丈夫有外遇時，她的神情是那樣無助和沮喪，這是一個很明顯的訊號，說明她非常在乎晚濤，並且很愛他。而晚濤對於離婚的解釋，也表明了他是不願意離婚的。假如沒有這樣的危機，也許他們都難以像現在這樣去認真考慮自己的感情，從這個方面去理解，外遇還是有一點點正向意義的。

在感情的忠貞方面，晚濤是走遠了一點，但是他沒有走得很遠，因為他還沒有徹底傷害李金的心。

他的心沒有徹底離開過，所以無所謂回來與否。

至於李金是否該原諒晚濤，李金的問題有點像穿著鞋找鞋，其實她早已原諒了丈夫的「出軌」：現在的李金很「乖」、很安靜，早上為他端茶送水，晚上幫他鋪床疊被。她是一定會原諒他的，因為李金沒有任何不原諒他的其他辦法，她需要他。她所有的表現都在表達一個意義：只要晚濤能夠回家，她既往不咎……

見了李金又見了晚濤，他們給我一個鮮明的印象，他們是一對想愛又不會愛的歡喜冤家。他們都很本能地在扯自己愛情的後腿，以為這樣可以占據主動地位。

晚濤不滿李金流露出來的強烈的優越感，不滿自己被忽視的狀態，他覺得李金在心理上一直是壓制自己的。但是他不理解，這是李金的「愛情策略」：不給他好的感覺是為了讓他有危機感，壓制他是為了得到他。這是「捉放曹」的心理遊戲，也是李金為了保持心理優勢而做的無意識的調整。

李金驚異於晚濤的「背叛」，一貫服從自己的丈夫有了外遇，這把李金的心徹底攪亂，她沒有任何心理準備。她不明白，正是自己的惶然使晚濤愜意，她的沮喪和無奈證明了她對晚濤的依賴。外遇只是一面鏡子，折射出了各自真正的感受。晚濤帶給她挫折是為了證明自己的價值，證實了然後把愛情還給她，他原本就是愛她的。

人們常常習慣批評而羞於說愛，以為自己心裡明白就可以了。有一些人認為愛需要掩蓋和保護，免得被牽住「牛鼻子」使自己處處被動。其實愛是需要交流和溝通的，愛情經過表達會變成無限多。掩飾自己的愛是對自己和對方的掠奪。

外遇是傷害人的，但是我們從它的背後看過來，也發現了正向的意義：這使他們調整了關係，更新了感情模式，喚醒了沉睡的愛情。

沒有戰爭的時候，男人和女人也在作戰，這是一場終身的戰役。

心理解碼　外遇影片——《香草巧克力》

香草巧克力蛋糕這個引起香甜聯想的點心只是義大利影片《香草巧克力》（*Vanilla and Chocolate*）中前後關聯的一個道具，是影片主角從青春期初戀至度過中年婚姻危機

東西方外遇心情比較

後，重拾愛情的見證。

這是一部以外遇為主題的影片，從影片中三個主角都有外遇這樣的故事結構中，可以看出編導和演員傾力探索關於愛情、婚姻的倫理道德、價值觀的努力。

女主角發現丈夫有外遇，很憤怒地留下一張紙條和三個孩子，離家出走到外婆的老別墅去調整心態。在那裡，她回憶起初戀時越過籬笆和當年的情人——現在的丈夫私會吃香草巧克力蛋糕的極其美好的場景。伴隨著初戀快樂的沮喪，是她發現了母親對父親情感上的不忠，但是在關鍵時刻，她仍然以大聲呼喚即將進門的父親的方式，讓母親和她的情人免於尷尬。她的丈夫在照看三個孩子的同時，深深懺悔自己的「逢場作戲」，他寫信給妻子，希望得到她的諒解。

在外婆的老別墅裡，女主角被丈夫的誠意感動，她提筆回信：「既然你對我那麼誠懇，我也把我的祕密告訴你……」

她是個鋼琴師，兩年前她在一個女學生家裡教鋼琴時，隔壁的畫家愛上了她。在畫家的堅持下，他們偶爾談笑，但是她嚴守著底線，頑強地抗拒著畫家愛的表白。一次鋼琴課後，為愛焦慮、躁動的畫家別出心裁地把車開到她面前，放出了三個表達愛意的氣球。剎那間街道上人聲譁然，交通堵塞，她顯然受了震撼，被他的愛情感動，和他越走越近……

在家裡，她讀著畫家的信，嚼著畫家送的巧克力。在旅館裡，畫家抱著她旋轉，畫家和鋼琴師激情迸發，忘記了世界的存在，然而她清醒了！她覺得自己仍然深愛著丈夫，她急流勇退，不再和畫家往來！整整兩年，因為對丈夫的愛，她堅持著，然而丈夫的「出軌」強烈地刺激了她，使她非常痛苦。

丈夫對「出軌」的懺悔感動了她，她也以自己的懺悔使自己解脫，她以為自己超越了。在決定回家的前夕，她去看望畫家，畫家得了癌症，已經到了晚期！痛苦和悲哀像決堤的洪水洶湧翻滾，為曾經的愛和友誼，他們最後一次做愛，作為永遠的紀念……

在家裡，想到妻子曾經有情人，丈夫失魂落魄，他備受打擊，不知該怎麼辦。好幾次拿起妻子裝著信札的木盒，卻始終沒有翻看，他知道那裡裝著畫家的信。

報紙上登載了畫家逝世的消息，畫家和妻子的故事永遠地謝幕了，丈夫才終於有勇氣打開那些信。當他看見「我知道妳是愛妳的丈夫的，我永遠無法和他競爭，我是那樣失落……」時，他是那樣激動！丈夫立刻趕到外婆的老別墅，在別墅旁的海灘上，他找到了妻子。妻子告訴他自己懷孕的消息。驚喜之餘，他問孩子是誰的，當妻子說自己也不知道時，他欣喜地說：「是我的，因為我愛妳……」

這是一個憂傷而美麗的愛情故事。

雖然深愛妻子的丈夫沒有管住自己，在外拈花惹草，卻能夠穿越最狹窄的「性專利」的心理，接受妻子懷著別人的孩子；而深愛丈夫的妻子，毅然摒棄撩人心懷的浪漫，堅守著心中的愛情。

破鏡重圓的景象是他們仍然興高采烈地一起吃香草巧克力蛋糕，笑容顯示了他們的心裡沒有裂痕。當年有外遇的女主角的母親，坦誠勸慰女兒：「不用因為外遇而離家，就像我的外遇，我們至今仍有聯絡，但是並不妨礙生活……」

外遇是古今中外的美麗錯誤，我們極力反對它，卻總是難以預防。我們可以後退半步，正視它的存在，仍然堅持家庭和婚姻的完整，不要讓外遇摧毀了我們的生活。

在某種意義上，外遇是一面明亮的鏡子，照見了婚姻的缺點和人性的弱點，也照清了婚姻、愛情發展的方向。

電子書購買

國家圖書館出版品預行編目資料

破解親密關係的密碼：婚姻危機！諮商師的情感修復診間 / 王裕如編著 . -- 第一版 . -- 臺北市 : 崧燁文化事業有限公司 , 2022.12

面；　公分

POD 版

ISBN 978-626-332-950-8(平裝)

1.CST: 婚姻 2.CST: 夫妻 3.CST: 兩性關係

544.3　　111018921

破解親密關係的密碼：婚姻危機！諮商師的情感修復診間

臉書

編　　著：王裕如

編　　輯：柯馨婷

發 行 人：黃振庭

出 版 者：崧燁文化事業有限公司

發 行 者：崧燁文化事業有限公司

E-mail：sonbookservice@gmail.com

粉 絲 頁：https://www.facebook.com/sonbookss/

網　　址：https://sonbook.net/

地　　址：台北市中正區重慶南路一段六十一號八樓 815 室

Rm. 815, 8F., No.61, Sec. 1, Chongqing S. Rd., Zhongzheng Dist., Taipei City 100, Taiwan

電　　話：(02)2370-3310　　　　傳　　真：(02) 2388-1990

印　　刷：京峯彩色印刷有限公司（京峰數位）

律師顧問：廣華律師事務所 張珮琦律師

定　　價：350 元

發行日期：2022 年 12 月第一版

◎本書以 POD 印製